名师名校名校长

凝聚名师共识
回应名师关怀
打造名师品牌
培育名师群体

　　　　　郑明远题

听花语

——中学语文教学的行与思

王连英 著

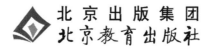

北京出版集团
北京教育出版社

图书在版编目（CIP）数据

听花语：中学语文教学的行与思 / 王连英著. --
北京：北京教育出版社，2024.5
ISBN 978-7-5704-6409-8

Ⅰ.①听… Ⅱ.①王… Ⅲ.①中学语文课—教学研究
—初中 Ⅳ.①G633.302

中国国家版本馆CIP数据核字（2024）第077023号

听花语：中学语文教学的行与思

王连英　著

＊

北 京 出 版 集 团
北 京 教 育 出 版 社　出版

（北京北三环中路6号）

邮政编码：100120

网址：www.bph.com.cn

京版北教文化传媒股份有限公司总发行
全国各地书店经销
河北宝昌佳彩印刷有限公司印刷

＊

710 mm×1 000 mm　16开本　14.25印张　194千字
2024年5月第1版　2024年5月第1次印刷
ISBN 978-7-5704-6409-8
定价：58.00元

质量监督电话：（010）58572525　58572393

目录

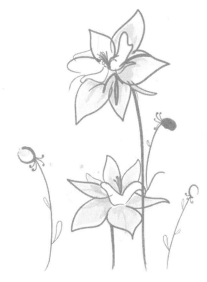

下篇

倾听"读"语　获"言"之声

上 篇

细听"研"语
汲"策"之声

细听"研"语

初中作文梯度教学研究

项目名称	初中作文梯度教学研究
研究领域	√基础教育　职业教育　学前教育　其他
研究方向	√教育教学研究　课程开发　教师队伍建设研究
学科范围	√本学科　跨学科
立论依据及课题方案	一、立论依据 （一）理论依据 （1）作文梯度教学指根据学生已有的生活经历、作文水平能力和潜在的学习资源，采用适当的教学方法和教学手段，对学生现有生活经历、作文水平能力、学习资源进行合理的引导和开发，使不同水平层面和能力层次的学生得到最优化的发展。 （2）作文梯度教学的提出有其内在的学科背景。在人们普遍的印象中，语文不像其他学科那样年段目标清晰、训练点清楚，这导致每个年级都在抓作文教学，但每一个年级对于自己这个阶段的重点都只有一个模糊的认识。 （3）从历史的经验来说，作文教学耗时多、见效慢，教学方法见仁见智、众说纷纭；学生兴趣不大，甚至有比较严重的畏惧情绪。

立论依据及课题方案	（4）从以往的教材来看，作文教学的体例不清晰。教师要么根据各个单元的主题来随意布置作文题目，要么盲目地跟着某一本课外教辅材料走，没有一个了然于胸的对于初中学生作文教学的整体构思和计划，对于初中各年段学生的作文应该达到怎样的水平也没有一个具体的目标，所以也没有形成具体的、可供操作的训练体系。这个论题的提出旨在构建这样一种认识：作文能力的提高，作为教师，我们有可为之处，但"有所作为"的具体方式、方法仍需探究。 （5）从教师教的层面来说，对学生作文的具体指导能否转化为学生写作的能力，教师的可控性不强；从学生层面来说，对于外来的经验和知识的认知实践的能力不够，导致作文学习更多地处于一种自然生长状态。 （二）国内外关于同类课题的研究 作文教学研究的现状是点多面广、各具形态，大部分处于摸索、各自为政的状态。据现有资料来看，作文梯度教学研究在小学开展得可谓如火如荼；在高中阶段也有人涉足；在初中阶段却少有人问津，没有通过网络找到有关资料。 二、课题方案 （一）研究目标 （1）通过实践研究，探索、归纳、梳理各年级作文教学所要达到的目标及具体实施的方法。 （2）通过课题研究，激发学生的写作兴趣，厚实学生的作文底蕴，锻炼学生的写作才能，促进学生语文素养的提高，为他们的终身学习打下基础。 （二）研究内容 1. 预备年级 （1）建立日记制度。日记要求：详细叙述当日发生的一件事，不要求面面俱到，但要做到重点突出（每周确立一个训练的知识点，比如：文章开头、结尾、叙事顺序、人物描写等），外加一句话点评。 （2）建立每周美文背诵制度，文章长短以300字为限，让"学生美文背诵读本"在实践操作中不断完善（到目前为止已经积累了一定量的美文，可以作为校本教材的材料，预计两年内成稿）。 （3）利用学期作文的要求，进行专题作文指导，预备训练的重点在于叙述的完整、重点的突出，并在实践中建立、完善具体操作步骤。

续 表

立论依据及课题方案	2.初一 （1）继续建立日记制度。日记要求：详细叙述当日发生的一件事，不要求面面俱到，但要做到重点突出（每周确立一个训练的知识点，比如：文章开头、结尾、叙事顺序、人物描写等），除要求语言优美外，点评也不再是一句话，而是尽可能地针对事件发表自己的看法。 （2）继续建立每周美文背诵制度，文章长短以400字为限，继续编辑"学生美文背诵读本"，并在实践操作中不断完善。 （3）继续利用学期作文的要求，进行专题作文指导，初一训练的重点在于基于叙述完整、重点突出的生动描写，并在实践中建立、完善具体操作步骤。 3.初二 （1）继续建立日记制度。日记要求：详细叙述当日发生的一件事，要求完整、清楚、具体，而且做到重点突出（每周确立一个训练的知识点，比如：文章开头、结尾、叙事顺序、人物描写等），除要求语言优美外，点评要见深度，尽可能地针对事件发表个人有一定深度的见解和看法。 （2）在初一的基础上，建立阅读制度，教师开出书单，组织学生一起进行书评，并在年级中组织比赛，强化学生兴趣。 （3）继续利用学期作文的要求，进行专题作文指导，初二训练的重点是在叙述完整、生动、重点突出的基础上加入细节描写，而且做到叙议结合、悟情明理，并在实践中建立、完善具体操作步骤。 （三）研究方法 行动实践法、经验讨论法、案例分析法、文献研究法。 （四）研究对象 教院附中预备年级、初一、初二全体学生。 （五）研究步骤 1.准备阶段（2012年6月至2012年10月） 由课题负责人牵头，运用文献、研讨等方法，做好以下工作：确定课题、成立课题组、搜集资料；设计课题研究方案，进行课题论证；组织课题组成员进行相关理论学习，对课题方案进行研讨，形成具体的工作方案。 2.实施阶段（2012年10月至2014年6月） 主要运用个案研究、专题研究、文献资料、行动研究等方法，由课题组成员完成梯度的构建、各年级的个案研究、课堂教学策略探索与研究。 3.总结阶段（2014年6月至2015年6月） 主要运用研讨交流、经验总结等方法，梳理有关资料，进行课题总结。撰写"初中作文梯度教学研究报告"，聘请有关专家进行成果鉴定。

续 表

立论依据及课题方案	（六）本项目拟解决的关键问题和具有的特色创新之处 （1）就语文学科而言，每个年段的具体训练目标不是分割得相当清楚，这就造成了不少教师索性不分年段要求，在教学过程中，尤其是作文教学过程中随意性相当大，写作训练更是不知道目标和方向，即便根据课文进度来布置作文，也不能清楚地知道自己所布置的每篇作文的具体训练要求，对于学生对作文训练点的落实情况也不清楚。从大的范围来说，本课题所针对的初中预备年级和初一年级学生正处于一个记忆力特别旺盛、模仿力特别强的年龄，但他们理解力和逻辑思维能力肯定尚有不足，所以我们安排了美文背诵和模仿写作，具体的写作要求在课题推进中完善。初二阶段的作文则更多的是加强学生在理解、感悟基础上的表达，注重的是表达的深度和广度。 （2）本课题既关注作文教学的手段，也关注对学生写作方法的指导，同时更注意为学生的写作创建良好的学习环境，比如美文的选择、背诵、大量的日记，在汇编校本教材的同时将广阔的家长资源和背景纳入作文学习中等。这无疑大幅度提高了学生作文的兴趣。 （3）本课题要求教师对初中语文教学有一个长期的规划，并在实践过程中不断地完善、修改，形成相对来说比较成型的初中语文写作教学的目标和具体要求
项目研究基础	（1）导师团提供一个非常好的有知识储备、有研究能力、有年龄梯度的团队。本课题组人员共5人。王连英为课题组负责人，有中学高级职称，在教学研究工作中积累了丰富的一手资料，起着骨干带头作用；其他老师都具有本科文化程度，都是来自各个学校的青年骨干教师，具有一定的教育教学水平。 （2）学校领导重视课题研究，在硬件建设上，有计划地按区教委的标准配备器材、音像材料，现已达到区一类标准。学校拥有多媒体教室、电子备课室，为实现作文教学提供了一流的实验条件
项目预期成果	预期项目带教团队成员规模、带教成效和其他教育科研的研究成果等。 （1）在项目推进中，进行教学公开展示。 （2）汇编项目教学设计、案例、课题文集

说明：

1. 研究领域、方向、范围请勾选。

2. 项目研究要围绕立德树人教育根本任务，聚焦学科核心素养，瞄准教育综合改革重点任务，解决教育教学实践探索中的实际问题，预期在任期内有一定的研究成果体现。具体可以参照金山区教育科研"十三五"课题指南和相关德育研究课题指南等。

大中小学德育一体化背景下班级建设中
学科育德的实践研究

项目名称	大中小学德育一体化背景下班级建设中学科育德的实践研究
研究领域	√基础教育　职业教育　学前教育　其他
研究方向	√教育教学研究　课程开发　教师队伍建设研究
学科范围	本学科　√跨学科
立论依据及项目实施方案	一、理论价值 心理学的研究表明，初中生属于科尔伯格的儿童道德发展阶段第三级水平——后习俗水平，其特点是以社会契约为定向，以普遍的伦理原则为定向，基本的特征是以自觉守约、行使权利、履行义务来判断道德价值，遵从社会契约，维护公共利益，遵从良心式原则，避免自我责备。由此看来，处于这一年龄阶段的孩子，一般比较认同大众认可的、约定俗成的规矩、契约。开展本课题实践研究，将有助于以切实有效、极具操作性的方式方法来破解学生教育中德育弱化的问题，在学习实践中建立起学生互相认可的、约定俗成的班集体生活、学习规则，从而实现班级建设与学科建设的高度融合，使学科教学真正为培育全面发展的人服务，而不是唯分数马首是瞻。 艾森伯格的亲社会道德理论提出了儿童亲社会道德判断发展的五阶段理论，其中阶段四（主要适用于初中阶段）指出：由于自我投射的移情推理，儿童会关注到他人的幸福，也会产生与行为后果相联系的内疚感或肯定情感。这启示我们在以后的道德教育过程中，要采用与学生实际紧密联系的道德教育内容，采用情境教学，针对不同情境采用不同的教学策略。

续表

立论依据及项目实施方案	这就让我们把大中小学德育一体化项目从顶层设计开始付诸实践研究。希望有一批投身这项研究的一线研究者，面对现在的大背景以及学校教育的小背景，从自身的研究做起，积累实践经验，提高理论认知，既能够充实完善德育一体化的理论，又能够提供一线的研究资料。 初中阶段的德育内容和教学方法包括社会比较、服务学习、体验式学习、情境模拟等。从这一研究可以看出，在初中阶段，这些内容和方法与班集体的建设是一脉相承的，团队协作，自律、他律的实践便是一种难能可贵的尝试。 另外，我们或许还能从这一课题的研究中反观我们的育人机制，反思我们现在育人上的弊端和方法重塑的价值。 二、实践意义 （一）有助于实现"人人都是德育工作者"德育愿景 "学科育德""人人都是德育工作者"一直都是学生德育工作的愿景，但是学生德育工作的现状堪忧，随着年级递增，学生的道德现状越发令人担忧。造成这一结果的因素虽然有很多，但是归根结底，学校教育应该是学生育德的主阵地、主战场，就应责无旁贷地肩负起这一职责。既然学校教育的根本目标是培养人，那么所有学科就应该围绕这一主旨进行设置，并且形成合力，使德育效益最大化，让愿望成为现实。 （二）有助于建立起学科育德与班主任工作融合的新机制 一直以来，德育虽然被认为是学校教育的重中之重，但是长久以来，在现实教学中，各门学科之间各自为政，班主任工作仿佛独立在各学科之外，学科教师没有很好地与班主任联合起来，班主任也没有建立起与学科教师共同努力的意识。围绕着培养健全人格的人这一目标，学校教育中的一切因素都可以联合起来，如果通过一些创新的方式能达到这一目标，那么这样的研究就是值得尝试的。 所以本课题就是要突破德育的原有框架和人们现有的心理认知，建立起全新的学科、班主任工作一体化的模式，用实践来推动"大中小学德育一体化"的进程，希望能够为培养人格健全的公民出一份力。 （三）有助于关注个体差异、育德优先，育人是根本的教育宗旨 本课题还关注到"人因禀赋与条件的不同而多样化"，所以在育德的过程中，关注学生的差异，在育人的层次上有不同的考虑，让每个孩子在原有的基础上有所进步。我们普遍认为"得到最普遍承认，并且也是唯一的真正的卓越之处，是个人的品性""人的卓越之处在于他的正直、智慧、节制与坚韧"，所以关注差异，寻找突破口，让每个孩子在原有基础上取得进步，是为优秀。为什么本课题能够有这样的成效，关键在于"心灵，在

续 表

立论依据及项目实施方案	其所有作用和感受中，皆是对其自身主动或被动的意识"，也就是说，我们的努力作用于人的心灵，以外在的努力（外因）促使内在产生向上的动力（内因）。 从学生成长规律和教育内容传播规律增强学科建设和班级建设一体化，完善分层教学、尊重个体间的差异，从微观角度解决学科横向衔接问题，从学科德育维度解决全员育人问题。这一课题研究重在学科教学与班队工作结合，塑造学生自信心，引导学生养成良好习惯，在基础教育的关键年段，让学生树立起一生受用的生命观、生活观，无论遇到怎样的环境都能以一种自主的、乐观的、豁达的心态来面对，并拥有积极的处事能力。对于学生来说，这是终身受用的。 三、参考文献 ［1］亚当·弗格森.道德哲学原理［M］.孙飞宇，田耕，译.上海：上海人民出版社，2005. ［2］伯特兰·罗素.罗素道德哲学［M］.李国山，译.北京：九州出版社，2004. ［3］覃青必.高校社科文库：论道德自由［M］.北京：光明日报出版社，2012. ［4］陈会昌，庞丽娟，申继亮，等.中国学前教育百科全书（心理发展卷）［M］.沈阳：沈阳出版社，1994. ［5］陈录生."道德发展阶段论"与我国儿童道德认识发展规律［J］.心理学探新，1989（3）：57-60. 四、国内外研究现状分析 "大中小学德育课程一体化建设研究"是教育部与上海市政府合作的项目，由翁铁慧主持，于2013年启动。该研究一共有12个子课题，课题以社会主义核心价值体系有机融入国民教育全过程和增强德育有效性为目标导向。 从所有教师都具有德育内涵、各门学科都应有育德功能这一理念出发，对与德育关系紧密的相关课程（首批为语文、历史、体育、艺术、音乐、美术、地理、品德与社会、思想品德与思想政治等课程）进行综合性的一体化研究。 从国际范畴来说，我国当前大中小学的德育理论明显滞后，德育的理论基础仍然囿于20世纪80年代以前的道德发展理论，而对于近年来影响世界的特里尔、吉利根、艾森伯格等人的道德发展与教育理论吸收明显不足。我国目前的德育理论研究，不符合当今世界的道德"领域理论"研究趋势，所以这方面的研究有赖于当下的教师与学校努力"师伊之长，推陈出新"。

立论依据及项目实施方案	（一）核心概念的界定 1.大中小学德育一体化 "一体化"指把一个事物的各个部分由分离的状态转化为有内在联系的整体状态，即任何事物的发展都有赖于其内部诸要素，以及外部环境里的诸多事物相互合作与协同发展。大中小学德育一体化是指大学、中学、小学在学生育德上，各方协力，破解学段纵向衔接不足、学科横向贯通不够、全员育德意识不强的问题，共同作用。这里的"各方"是指涉及的学校教育的各个方面，先期的研究是指学科互相合力，而本课题拟在学科教学和班队建设中打通一条有效途径，不但增强全员育人意识，而且拿出有效的措施来强化目前不断弱化的德育工作。 2.学科育德 每门学科都肩负着育德重任，每一节课都或显性或隐性地蕴含着德育的要素，每一个教育教学行为都有可能是一次走向学生心灵的德育之旅。因此，要从学科教学上规范教师的行为，从意识层面到实际操作层面，把学科重要的育人作用贯彻到所有显性的教育教学行为上。 3.班级建设 学校教育教学的最小活动单位是班级，所以班集体的建设对于培养人来说有着至关重要的作用。要培养一个团结协作、阳光大气、健康努力的孩子，就要建设一个正能量的、阳光的班集体，而我们的研究正是着眼于这一点，希望通过构建良好的学习生活的外部环境，来影响学生的内心，培养其良好的品性。 （二）研究目标 （1）学科育德与班主任工作相融合，构建学（学习）思（思想）共进的育人新机制，助力学生成长。 （2）探究班队建设过程中学科育德的新路径，把育人落到实处。 （3）通过实践，培养学生大气谦和、团结互助、个性昂扬、迎难而上的优良品质。 （三）研究内容 从所有教师都具有德育内涵、各门学科都应有育德功能这一理念出发，对与德育关系紧密的相关工作与课程（班主任工作、语文学科、数学学科）进行综合性的一体化研究；通过班团队活动，学科学习自助、他助合作模式，培养学生团结互助、个性昂扬、迎难而上的优秀品质。 1.预备年级 树立优秀意识，班队活动实践印证。建立班级精神：我们是最棒的；一个优秀的团队没有个人，只有集体。这样的认同感非常重要，这既是对信心的重塑，更是对新规的构建。

续 表

立论依据及项目实施方案	运用流动红旗评比活动规范学生的行为；21天养成一个习惯，一个学年下来，良好习惯养成了，先后获得了军训先锋排一等奖、"班班有歌声"五月歌会一等奖、运动会入场式表演一等奖。 2.初一 以数学学科互助学习为主抓手，班队工作一起努力，提升自信心。 单打独斗的学习变为团队协作。以数学学习为抓手，把班级中的36个孩子分成6个学习小组，课堂教学中、课后作业时开展分组学习，共同进步。 按照学习状态进行分组，是为了让每个孩子都有信心。面对不同难度的试卷，面对不同要求的题目量，孩子们有一种学习和讨论的快乐。到初一下学期，实验班级的数学均分领先其他班有15分之多，班级的不合格人数从预备阶段的15人减少到2人。高分数不是目的，目的是建立学生的学习自信。 3.初二 以语文学科为主抓手，班队工作一起努力，养成良好个性品质。 （1）拓展人格培养和语文学习的途径，以语文学科阅读活动为主渠道，矫正学生叛逆期心理，培养良好个性品质。 （2）准备开展家长、学生、教师同读一本书活动，通过读书交流等形式潜移默化、润物细无声地让学生明白学习的意义、快乐的意义，乃至生命的意义。 4.初三 以语文、数学学科为龙头，推进班集体建设，带动其他几门学科建设，以德育促进学习，实现育人新高度（分数是手段，育人是目的）。 理想教育在这时候应该是非常重要的，该阶段是健全公民人格的重要阶段，人的一生总需要攻坚克难的精神，没有一个人的一辈子是顺风顺水的，在这个年龄阶段经历中考，预演人生是很有必要的，所以我们拟开展一系列的活动来帮助学生树立远大理想，培养其健康人格。 （四）研究方法 1.观察法、文献研究法 通过查询相关资料，了解国内外研究的现状与发展趋势；寻求本课题研究的核心价值观，在学科育德的研究中寻求多元价值点，并对学科育德等关键概念进行界定。 2.行动研究法 在实践中提炼形成大中小学德育一体化背景下的班级建设的学科育德，在研究中优化学科育德，不断地实践、反思、调整、再实践，循环往复，直至有效提升学生终身发展所需的各项能力。

立论依据及项目实施方案	3.经验总结法 在各个不同的研究阶段，从多个方面对实践材料进行搜集、分析、归纳、提炼，形成经验总结报告。 （五）研究过程 1.准备阶段（2013年9月至2015年6月） （1）制订规划 预备年级：起始学情摸底、小初衔接、行为规范养成。 初一：建立互助小组、探索学思共进新模式。 （2）具体措施 第一，建立6个小组，通过中队建设，语文、数学学科互助学习的渗透，春风化雨地唤醒学生的学习内驱力和行为约束内驱力。 第二，通过组内讲解，培养学生学习先进的自信心和学习能力；通过组内自助，帮助学习困难者建立学习自信心和克服困难的顽强意志力。 第三，将学科互助渗透到活动中，培养学生健康、大气的人格精神。 2.第一阶段（2015年9月至2016年6月） （1）制订计划。 初二：改进互助方式、完善学思共进模式。 （2）具体措施 第一，开展"家校同读一本书"活动，通过读书交流，有效调整叛逆心理，培养学生健全人格。 第二，通过班队活动（如拔河、运动会等比赛），培养学生团结协作、迎难而上的精神品质。 3.第二阶段（2016年9月至2017年6月） （1）制订计划。 初三：主题推进，培养心性，学思新高度。 （2）具体措施。 第一，以语文、数学带动学科间融合，建立自信，备战一模。 第二，开展班队活动，形成良性竞争，以昂扬的斗志参加中考。 4.第三阶段（2017年6月至2017年10月） 总结阶段：将这4年的实践研究形成一套完整的实践方案，撰写案例，在可行的范围内进行推广。 五、本项目拟解决的关键问题和具有的特色创新处 大中小学德育一体化项目研究还未涉及班主任工作和数学学科，对于语文学科，也仅仅只是德育夯实，还未涉及横向学科间的贯通。而本课题却以语文学科、数学学科教学为抓手，结合班主任工作、班队活动，在学科

续 表

立论依据及项目实施方案	"育人"和"育分"之间建构起一座桥梁，让"育分"扎扎实实地为培养健康人格的公民服务
项目研究基础	组建了一支非常好的有知识储备、有研究能力、有年龄梯度的教研队伍，其中中学高级教师2名，其余均为中学一级教师，均参与过校级以上课题研究。 本人参与全国重点课题"大中小学德育一体化建设研究"，担任金山区德育一体化建设研究基地学校教院附中的负责人，撰写的德育一体化案例"桃花源记"成为金山区德育一体化案例评比的模板；作为第一负责人，主持区级课题"初中作文梯度教学研究"，主编"八校联盟微视频合集""德育一体化区域教材教学设计"。 学校教研氛围浓厚，得到领导大力支持
项目预期成果	（1）在项目推进过程中，会同各学科教师一起形成良好的育人氛围。 （2）汇编项目教学设计、案例、课题文集。 （3）项目研究的成果能够凭借区级平台进行推广，助力区域学科教育

说明：

1. 研究领域、方向、范围请勾选。

2. 项目研究要围绕立德树人教育根本任务，聚焦学科核心素养，瞄准教育综合改革重点任务，解决教育教学实践探索中的实际问题，预期在任期内有一定的研究成果体现。具体可以参照金山区教育科研"十三五"课题指南和相关德育研究课题指南等。

基于核心素养培育的整本书阅读和写作教学交融实施的实践研究

项目名称	基于核心素养培育的整本书阅读和写作教学交融实施的实践研究
研究领域	√基础教育 职业教育 学前教育 其他
研究方向	√教育教学研究 课程开发 教师队伍建设研究
学科范围	√本学科 跨学科
立论依据及项目实施方案	一、立论依据 （一）理论依据 从语文学科的角度来说，读与写本就是一体的，读是写的前提和基础，写是读的外化和提升。对于培养学生的独立思维和探究能力来说，初中语文教学采用读写结合的方式是非常适切的。将外在的知识内化为自身的素质和能力，通过写作呈现出来，这对于学生的学习发展具有非常重要的促进作用，可以更好地提升学生的人文素养，提高语文学习的有效性。 从阅读和写作心理学的角度来说，阅读是一个吸收的过程，是由外而内的。阅读者首先关注的是文本写了什么，虽然文本内容是一种客观的存在，但每个人看到的内容却不尽相同，这是共性之外的个性阅读。如果这样的个性阅读还带有写作的任务，而且这样的写作要求还是常态之下的，那必然会帮助学生敏锐地捕捉到文本的核心，而这一点也为写作提供了素材和原始积累。然后会关注文本是怎么写的，这一过程为学生写作提供了方法上的支架。语文学习的起步从本质上说就是模仿，阅读的这一实践探究，实实在在地助力于学生写作，让学生的写作有方法可依，这种方法上的学习比单纯的教师的传授效果要好得多，学生对于通过自己动手获取的知识掌握的牢固程度，要远超从教师的讲授中得来的。最后学生自然从阅

13

续 表

立论依据及项目实施方案	读中探究到了作者的写作目的，这也在一定程度上帮助学生建立起写作的目的，这样学生的写作目的也就清晰了，而对自己表达的目标的确定也有助于学生的选材、遣词造句。这样的一体化的读写过程是符合学生的阅读和写作的心理的。 （二）研究价值 这一项目的研究始于整本书阅读开始大面积推广之时，对于学生的整本书阅读无疑是具有推动作用的，无疑为学生提供了一些阅读的范本和写作的方向。借由这样的任务驱动，在学生心中构建起整本书阅读和写作可以互相促进的心理，帮助学生树立信心。 在摸索中尝试建立起可行的读写结合路径，在提升学生兴趣的同时建立起可供写作借鉴的有效实践。反过来，写作也可以推动阅读的深入和阅读面的扩大，从而让语文学习的价值最大化。 （三）国内外研究 读写结合在国内外很早就已有人进行研究，但是整本书阅读的概念在国内也是伴随着部编版教材的推广而逐步为人们所熟知的，因此，这又是一个新的课题。近一两年来，语文一线工作者也各尽其能地在阅读和写作之间寻找更为广阔的可供施展的空间。从国外研究来看，国外中学生的阅读和写作本就是一个综合性的活动，把读和写放到活动中去进行实践操作，也是值得我们借鉴的，这启示我们可以将读写结合这一教学方式以活动的形式开展。 二、实施方案 （一）研究目标 （1）以整本书阅读教学和初中作文教学的交互推进策略，着力于学生内在的语言体系的构建，培养学生的语言建构能力。 （2）建立以培养听说读写综合能力为目标的新型作文训练模式，有助于促使学生乐于表达、善于表达。 （3）以显性的师生有效活动来增强隐性的学生语言表达能力。 （二）研究内容 （1）探究基于核心素养培育的初中学生整本书阅读心理，构建提高学生阅读、写作积极性策略。 （2）研究并建立整本书阅读年级梯度书目，用以兼顾同一年龄、因家庭教育、学习环境的差异造成阅读能力不同的学生的需要。 （3）基于核心素养培育的整本书阅读可操作的教学模式构建：研究并建立片段写作策略以推进整本书阅读：读为写提供内容，写促进读的有效性。

立论依据及 项目实施 方案	（4）将整本书阅读与片段写作、篇章写作建立勾连，以学生内在的语言体系的构建，培养学生的语言建构能力，也就是建立起整本书阅读和写作教学交互推进模式，培养学生的语文核心素养。 （三）研究方法 以行动研究法为主，以教育观察法、比较研究法、经验总结法为辅。 （四）研究过程 1. 准备阶段（2018年5月至2018年9月） （1）整本书阅读书单的确定，建立整本书阅读年级梯度书目。 补充：整本书阅读章节确定，对于不分章节的整本书，教师先行阅读，区分章节。调查结果显示，学生喜欢教师设定章节，有一种快乐叫作任务驱动，因为没有任务便无从着手。 困难：家庭教育、学习环境的差异造成阅读能力、程度不一，寻找到适合不同层次的学生需求的书目困难重重。 附：根据学生的阅读倾向和需要，综合考虑阅读书单的制定，以学生自主推荐、部编教材建议、教师推荐相结合。 预备第一学期：《雾都孤儿》《城南旧事》。 预备第二学期：《简·爱》《平凡的世界》。 初一第一学期：《猎人笔记》《林家铺子》。 初一第二学期：《钢铁是怎样炼成的》《名人传》。 初二第一学期：《苏菲的世界》《水浒传》。 初二第二学期：《寂静的春天》《巴黎圣母院》。 基本概念界定： 核心素养：语言的建构与运用、思维的发展与提升、审美鉴赏与创造、文化理解与传承。 整本书阅读：1941年，叶圣陶在《论中学国文课程标准的修订》中提到，"把整本书作主体，把单篇短章作辅佐"，这是叶老第一次明确提出要读整本书，也是笔者对整本书阅读的理解。 回忆式写作：以在家阅读的章节的内容为素材，进行课前10分钟写作，可以整体复述，也可以选择一个点进行叙述。 感想式写作：对于一周内阅读的内容中的某个感想点，发表自己的看法。 迁移式写作：模仿阅读的书目中某一个片段的写法，结合自身的生活进行创作，双周进行。 （2）整本书阅读检查方式确定：拟采用回忆式写作、感想式写作、迁移式写作交替进行的方式，既作为对整本书阅读的检查，又以此来推动作文教学。

续　表

立论依据及项目实施方案	2. 实施阶段（2018年9月至2020年6月） （1）回忆式写作起步，建立回忆式写作要求、评价标准。 （2）感想式写作介入，建立感想式写作要求、评价标准。 （3）迁移式写作介入，建立迁移式写作要求、评价标准。 目前的困难是迁移式写作与整本书阅读不能很好地发生勾连，一段时间的片段写作带来的好处是学生普遍反映下笔速度比以往快。 3. 总结阶段（2020年9月至2021年6月） （1）论文、案例汇总。 （2）公开教学展示或论坛展示。 （3）学生作文展示。 （4）模拟考、中考学生成绩分析。 本项目拟解决的关键问题： 建立整本书阅读和片段写作、篇章写作的联系，也就是建立起整本书阅读和写作教学交互推进模式，培养学生的语文核心素养。 研究整本书阅读的有效性措施，使之有别于以往的课外阅读。 （五）创新之处 1. 不是孤立地为了读整本书而读整本书 众所周知，阅读的目标基本可以分为三种：娱乐消遣、获取资讯、增强理解力。作为一个处于青春期的青少年，前两者应该是在阅读过程中自行能够实现的，而重要的是增强理解力。所以本项目之创新在于以片段写作推进学生在整本书阅读过程中实现"读别人的书，构建并丰富自我的言语体系"。每一位作家都是使用自我的言语体系来完成表达的，学生在初读、再读、回忆、复述的过程中，通过不断学习、体验，形成自我的言语体系，最终达到"将学习者置于真实的语言情境中，通过以交流为目的言语交际和长期的生活状态中真实的阅读及写作活动，去慢慢积累满足社会生活需要的语言运用能力等语言素养"。（郑桂华语） 2. 不是单纯地为了写作而写作 以往的写作教学通常是教师提出一个作文题目，然后分析题目的含义，学生再动笔写，最后教师批阅或者学生互阅、打分。而学生的写作起步于模仿教材提供的范例，结合自身的生活经历，其中有一个"经历体验"到"文字表达"的转换过程，本项目的推进，在这一过程中建立了一座由"文字感受"来铺设的桥梁，以构建自我的语言体系，转换的难度就降下来了，这样的写作也就为学生所喜闻乐见了，也就是教师设计和实施了有效的教与学活动，并保证学生处于积极的语言实践活动之中了。

续表

立论依据及项目实施方案	3. 把听、说、读、写结合起来 不再单一地训练听、说、读、写中的某一种能力，而是把它们在一个教学活动过程中结合起来。其实就语文学习的本源来说，这四种能力本来就是一体的，但是在后天的发展中，在学生身上出现了发展不均衡的问题，这很大程度上阻碍了学生的核心素养的培育，所以如果能够构建起这样一个活动，让学生围绕着一个主题活动，让这四种能力同时得到训练和发展，应该就是语文教学的理想状态
项目研究基础	导师团提供一个非常好的、有知识储备、有研究能力、有年龄梯度的团队。本人参与全国重点课题"大中小学德育一体化建设研究"，担任金山区德育一体化建设研究基地学校教院附中的负责人，撰写的德育一体化案例"桃花源记"成为金山区德育一体化案例评比的模板；作为第一负责人，主持区级课题"初中作文梯度教学研究"、主编"八校联盟微视频合集""德育一体化区域教材教学设计"，整本书阅读在全国范围内正在从无序走向有序，有众多国内外的经验可供学习借鉴；两届导师团以来，本人一直走在阅读和学习的路上，尤其是第六届导师团，作为中学语文工作坊二组的主持人，直接从身边的区市乃至全国的专家身上学习；本人长期工作在教学一线，三年来，指导学生在全国、市、区各类作文竞赛中获奖众多，对目前的学生语文学习情况非常熟悉，任教的年级已经开始初步实验、摸索
项目预期成果	（1）在项目推进中，指导青年教师学会独当一面地完成各自的子课题。 （2）汇编项目教学设计、案例、课题文集。 （3）将三年项目研究的成果能够凭借区级平台进行推广，助力金山语文教育

说明：

1. 研究领域、方向、范围请勾选。

2. 项目研究要围绕立德树人教育根本任务，聚焦学科核心素养，瞄准教育综合改革重点任务，解决教育教学实践探索中的实际问题，预期在任期内有一定的研究成果体现。具体可以参照金山区教育科研"十三五"课题指南和相关德育研究课题指南等。

附：

预备年级学生阅读情况调查表

各位家长：

为了便于家长、孩子、老师之间的沟通和交流，及时了解您对学校和老师的建议，也为了在预备起始年级让老师对您的孩子和孩子的学习情况，以及家庭学习氛围有一个全面的了解，特别制定本调查问卷表，希望您能如实填写。
感谢您的合作！

学生姓名＿＿＿＿＿　家庭住址＿＿＿＿＿			
孩子毕业学校＿＿＿＿＿　　小学时是否养成良好学习习惯＿＿＿＿＿			
在家主要由＿＿＿＿＿＿＿照顾孩子的学习，由＿＿＿＿＿＿＿照顾孩子的生活起居，＿＿＿＿＿＿对孩子的影响最大。（填父亲、母亲、祖父母、外祖父母或其他）			
您的孩子有哪些特长？（坚持学习一年以上为准）			
您的孩子突出的优点有哪些？			
您的孩子突出的缺点有哪些？			
您期望老师在哪些方面多关注您的孩子？			
您觉得您的孩子最需要得到老师帮助的地方是什么？（也可以谈语文、数学、英语中的某些知识点）			
目前您在家庭教育中最大的苦恼是什么？			
您对孩子的阅读状况了解程度			
您的孩子阅读课外书是因为什么？	A.自己喜欢	B.您的要求	C.老师要求	D.不清楚
您本人喜欢阅读吗？	A. 非常喜欢	B. 随手翻翻	C. 不喜欢	D. 不清楚
您的孩子喜欢在哪里阅读？	A. 家里	B. 图书馆	C. 书店	D. 不清楚
您的孩子每天花在阅读上的时间有多少？	A. 不花时间	B. 30分钟	C. 1小时或以上	D. 不清楚
看电视和看书，您的孩子更喜欢什么？	A. 看电视	B. 看书	C. 两个都喜欢	D. 不清楚
您的孩子喜欢读什么类型的书？	A. 武侠、悬疑	B. 校园文学、生活纪实	C. 中外名著、人物传记	D. 不清楚
您的孩子读书的方法是？	A. 认真阅读	B. 随便翻翻	C.挑选有趣的地方阅读	D. 不清楚
您认为阅读课外读物会影响学习吗？	A.会	B. 不会	C. 或许会	D. 不清楚

续　表

您的孩子平时阅读有计划吗？	A. 有计划	B. 通常有计划	C. 有时有计划	D. 不清楚
您的孩子平时写阅读心得或读书笔记吗？	A. 基本不写	B. 有时会写	C. 经常会写	D. 不清楚
您的家里有专门摆放图书的书柜吗？	A. 有	B. 没有	C. 算是有	D. 不清楚
您的孩子阅读之后会把书整理好吗？	A. 会整理	B. 有时整理	C. 随处放	D. 不清楚
您知道您的孩子曾经阅读过的书的名称吗？	A. 知道	B. 不知道	C. 知道几本	D. 知道很多
您是否曾和孩子同读一本书？	A. 是	B. 否	C. 不记得	D. 也许
您的孩子是否善于表达、敢于上台发言？	A. 是	B. 否	C. 还行	D. 不清楚
您的孩子上台发言能讲几分钟？	A. 1分钟	B. 3分钟	C. 5分钟	D. 更长时间
您认为您的孩子发自内心地喜欢写作吗？	A. 是	B. 否	C. 有一点儿	D. 不清楚
您的孩子完成小学生作文需要的时间是？	A. 30分钟	B. 40分钟	C. 1个小时或以上	D. 不清楚
您的孩子写的作文在小学是否有获奖或得到老师表扬？	A. 有获奖	B. 有表扬	C. 没有	D. 不清楚
您是否有计划地带孩子出去旅游？出游的次数为多少？	A. 是，每年1至2次	B. 否	C. 随缘	D. 不清楚
您的孩子平时有写日记的习惯吗？	A. 有	B. 没有	C. 偶尔	D. 不清楚

续 表

语、数、英 3 门学科中，您的孩子最喜欢的是？	A. 语文	B. 数学	C. 英语	D. 不清楚
您的孩子 3 门学科中最擅长的是？	A. 语文	B. 数学	C. 英语	D. 不清楚
您的孩子课余生活喜欢做什么？	A. 阅读	B. 运动	C. 游戏	D. 其他
您的孩子有没有耐心听别人说话？	A. 有	B. 没有	C. 说不明白	D. 不清楚
您的孩子是否能够准确地听明白别人的意思？	A. 能	B. 不能	C. 看不出来	D. 不清楚
您愿意参与到我们的整本书阅读项目中来吗？	A. 愿意	B. 还是老办法好	C. 随缘	D. 不清楚

初中语文课堂教学对话有效推进的实践研究

项目名称	初中语文课堂教学对话有效推进的实践研究
研究领域	√基础教育　职业教育　学前教育　其他
研究方向	√教育教学研究　课程开发　教师队伍建设研究
学科范围	√本学科　跨学科
立论依据及项目实施方案	一、选题依据 （一）国内外研究现状综述 1.国外研究现状综述 最早提出"对话理念"的是苏联文学理论家巴赫金，他认为"生活就其本质来说就是对话性的，生活意味着参与对话"。同时，人具有未完成性和片面性，通过与他人的对话，能够促进自我的发展。存在意味着对话，对话是人存在的条件，巴赫金强调了对话的必然性。"对话理论"不断发展，逐渐渗透到教育教学领域中。"国内外的一些学者如杜威、布鲁姆等人都肯定了教学的对话性质，把教学看作'对话的展开'。"杜威提出儿童中心论，强调教师要尊重学生在教育活动中的主体地位；他认为学习（反省性思维）是借助同他人相互交往的"沟通"来实现的；同时在他看来，意义不是现成的，是在同他人的沟通中生成、变化的，这明确了教学过程中沟通交流的重要性。克林伯格认为"在所有的教学中都进行着最广义的'对话'。不管哪一种教学方式占支配地位，这种相互作用的对话都是优秀教学的一种本质性的标识"。巴西教育家保罗·弗莱雷在《被压迫者教育学》中批判传统灌输式教育，认为这种以讲解为主的教学忽略了学生的创造性，因此他在该书中明确提出"对话式教学"，要求构建一种新型的师生关系，在教学中，师生双方应以爱、平等、谦逊、信任的态度投入

立论依据及项目实施方案	课堂中；他认为学生在灌输式教育中失去了批判意识，而没有批判就没有真正的交流，所以在教育中他强调师生之间的对话，因为"无论一个人有多么无知，也不论一个人被'沉默文化'淹没得有多深，他都可以通过与别人的对话接触来批判性地看待这个世界"。雅斯贝尔斯在《什么是教育》中同样强调了对话的重要性，认为教育不是知识的堆积。在书中，他大力提倡苏格拉底式的教育，认为师生应处于同一平等地位，教学双方可以自由地思索，任何中断我和你的对话关系的事物均使人类萎缩。佐藤正夫在《教学原理》中详细论述了教育中对话的方式，认为教育中的"对话"不同于普通的对话和"学术论证、学术讨论"，是一种教学现象，是以教师引导为特征、受师生关系制约的教学过程。"共享思想"是大卫·鲍姆提出的一种代表性观点，他指出，在人与人之间的沟通和对话中，彼此不一定总是保持着彼此都能接受的态度，容易产生冲突和矛盾，通过暂停和反映冲突，转化为创造性的方向，产生新的想法和观点，对话确实成了共同思考的一个维度。建构主义学习观则强调学习的社会互动性，学生必须尊重他人的意见，并在此基础上与他人合作，从而在互动中构建意义。建构主义的教育观强调教师要从学生已有的知识和经验中创造真实的情境。 2.国内研究现状综述 21世纪初基础教育课程改革后，我国学者开始用对话理论来指导教学，并对对话教学展开一系列研究。国内较早介绍对话教学的学者是刘庆昌，他没有明确阐述对话教学的概念，但是他认为"对话教学，是以对话为原则的教学。进一步讲，对话教学就是追求人性化和创造性质的教学"。教学原则说认为对话教学不能单纯以形式来判断，关键看教学中是否含有对话的精神。张华和魏敏等人把对话教学当作一种实践活动，但是他们的理解又稍有不同。张华结合教学传统与现状、理论与实践提出"对话教学是师生基于关系价值和关系认知，整合反思与互动，在尊重差异的前提下合作创造知识和生活的话语实践"，这强调了对话教学的情境性与社会性。靳玉乐认为对话教学是相对于独白式教学而言的，"对话教学就是在平等民主、尊重信任的氛围中，通过教师、学生、文本三者之间的相互对话，在师生经验共享中创生知识和教学意义，从而促使师生共同发展的教学形态"。在对话教学中，知识不再是静态的、封闭的，而是动态的、生成的；学生不再是知识的接受者，而是知识的建构者；教学不再是传递知识的过程，而是生成知识的过程。对话教学是以开展对话活动为主的教学方式，建立在师生互动、生生互动的基础上，强调通过师生之间、生生之间的对话式相互作用，来达到学生自主学习和自由发展的目的。

续 表

立论依据及项目实施方案	（二）学术价值 本课题基于教学对话理论，通过了解初中语文课堂教学对话现状，发现初中语文课堂对话中存在的问题，进而提出有针对性的语文课堂对话策略，深化师生对语文课堂教学对话的认识，为初中语文课堂对话的进一步研究提供帮助；在此基础上，本课题研究促进教学对话理念与初中语文教学的融合，丰富教学对话理念的研究成果；同时，以教学对话理论与语文课堂教学现状的结合，给初中语文教学研究注入新鲜血液，提供新的思考角度。 （三）应用价值 本课题有助于提高教师语文课堂教学对话理论素养和实践素养，为有效开展语文课堂对话提供思路。同时，初中语文课堂对话的开展促使师生之间、生生之间借助语言或非语言形式，通过倾听、表达等方式共享知识、碰撞思想，这有利于实现学生的主体地位，提升学生的学习积极性，激发初中语文课堂活力；有利于改善语文课堂对话主体缺失、对话内容不当、对话形式单一的现状，提高语文教学效率，充分发挥语文的教学价值，让学生在有效的课堂对话中评析语文语言、理解语文形象、体验语文情感、感悟语文哲理，从而全面发展自己的语文核心素养。 通过对教师课堂中教学对话行为的研究，对与对话教育相关的理论进行丰富，也提供一些实践教学的案例为对话教育的实践提供借鉴和参考。第一，梳理和阅读对话性评价相关的文献著作，构建课题研究的框架，对积极的教育理念、教育目标等进行深入理解。第二，通过分析学生问卷数据，总结在教育中应用对话评估的方法和策略；通过教师访谈记录和观察教师在课堂教学中应用教学对话的行为，增进对教师教学对话行为的了解和认识。 二、参考文献 ［1］邢焕红.初中语文课堂教学对话研究［D］.天津：天津师范大学，2023. ［2］程铭周.主体间性视域下教学对话建构研究［D］.湖州：湖州师范学院，2022. ［3］张敏.语文核心素养背景下的阅读教学对话研究［D］.哈尔滨：哈尔滨师范大学，2021. ［4］张晓梦.高中语文小说阅读对话教学现状及改进策略的研究［D］.北京：中央民族大学，2020. ［5］王格.学习任务群教学对话中教师角色研究［D］.南京：南京师范大学，2020. ［6］王小娜.对话式教学模式在中学语文阅读教学中的应用研究［D］.兰州：西北师范大学，2019.

立论依据及项目实施方案	［7］赵珺青.初任—熟手语文教师课堂教学对话的比较研究［D］.济宁：曲阜师范大学，2018. ［8］杨彩婷.初中语文课堂阅读教学对话研究——以延安市职业技术学院附属中学为例［D］.延安：延安大学，2016. ［9］杨万扣.阅读教学对话主体研究［D］.上海：华东师范大学，2006. ［10］琚静斋.走向对话的少数民族预科语文教学［J］.民族教育研究，2008（2）：28-32. ［11］张华.反思对话教学的技术主义倾向［J］.教育发展研究，2011，33（20）：64-69. ［12］克林伯格.社会主义学校（学派）的教学指导性与主动性［M］.柏林：德国科学出版社，1962. ［13］保罗·弗莱雷.被压迫者教育学［M］.顾建新，赵友华，何曙荣，译.上海：华东师范大学出版社，2001. ［14］佐藤正夫.教学原理［M］.钟启泉，译.北京：教育科学出版社，2001. ［15］刘庆昌.对话教学初论［J］.教育研究，2001（11）：65-69. ［16］靳玉乐.对话教学［M］.成都：四川教育出版社，2006. ［17］张华.对话教学：涵义与价值［J］.全球教育展望，2008（6）：7-16. ［18］魏敏，张伟平.对话教学的内涵、理论基础及特点［J］.教学与管理，2016（4）：1-3. ［19］蒋归凤.对话教学的课堂运用［J］.中学政治教学参考（下旬），2012（5）：32-33. 三、研究内容 （一）核心概念的界定 对话教学：一直以来，学术界对"对话教学"的定义并不一致。胡国军认为，把对话作为原始形式，通过听、说、读、写来学习对话，可以理解为对话教学。魏敏将"对话教学"定义为实践活动，"对话者在语言、思维、情感、认知等多个方面相互影响，在平等自由的氛围中动态合作交流的实践活动"。 （二）主要目标 （1）基于目前教学对话领域缺乏实践性研究的现实状况，通过实证研究来获取初中语文教学对话现状的一手资料，然后结合对话理论进行具体分析，丰富已有理论研究。 （2）通过分析初中语文教学对话现状，审视当下课堂教学对话存在的问题，同时提出提升教学对话实效性的策略，丰富初中语文教学研究的内容，为深化语文课程改革提供理论指导。

续表

立论依据及项目实施方案	（三）研究对象 本课题研究以初中语文教师和初中学生为研究对象。 （四）总体框架 本课题研究总共包含4个部分。 第一部分，首先，对对话教学的理论基础——对话理论进行概述，梳理初中语文教材的编写特征以及初中语文教学的目标和以往教学的模式。语文教学本身包含教材、课堂、教师和学生4个要素，语文教学也必然围绕这4个要素展开，但是固定的教学模式容易使学生产生疲劳感，因此，可以在语文教学中引入对话教学的理念，从而改善传统讲授式语文教学的弊端，活跃课堂氛围，提高教学效果。其次，总结国内外关于对话教学、初中语文教学的研究情况，界定语文教学、对话教学和语文对话教学等主要概念。 第二部分，主要陈述本课题研究的研究设计，包括研究意义、研究目的、研究框架、研究对象和研究方法等。 第三部分，在区分教育教学和对话教学两个重要概念的基础上，通过问卷调查了解中学语文对话教学的现状，从语文教学对话方面分析中学语文对话教学存在的问题及其原因。初中语文教学对话存在教师与课文对话不足、学生与课文对话简单等问题。教学对话反映了语文课堂的现状：在语文课堂中，教师缺乏对学生的指导，学生对教师的反馈也需要得到提升，生动对话不够。 第四部分，最后一章以初中一、二年级语文教学章节为例，建议改进初中汉语对话教学，包括教师适当备课、教师适当预习作业等。最后，考虑中学开展汉语对话课需要注意的问题：谈话必须以文字为中心；课堂上的对话越多，教师就越能合理设置课堂上的对话内容。 （五）重点难点 本课题研究的重难点在于研究教学对话的核心理念与实践特征，考察一线初中语文课堂教学对话现状和问题，探讨对话的价值与意义，优化课堂教学实施过程，进而提升语文教学质量。教学对话是很有意义的研究内容，但同时又是复杂的问题。分析初中语文教学对话现状及其成因，结合初中语文学科，综合运用问卷调查、课堂观察和访谈的方法，以初中语文教师和学生为研究对象，深入了解教师的教育理念、对话意识，学生参与度，课堂秩序及其他相关问题。针对初中语文教学对话中存在的问题进行梳理，从教师对话理念、学生主人翁、外界环境等多个角度提出改进策略。 四、思路方法 （一）基本思路 课题研究基本思路：确定研究目标—提出研究假设—构建理论分析框架—在研究假设和理论分析框架的指导下展开问卷调查、师生访谈、课堂观

立论依据及项目实施方案	察、专家访谈等调查研究，同时对收集的传统教学与现代语文对话教学的资料进行比对分析—针对现状，展开语文对话教学资源挖掘与开发—分析目前语文对话教学存在的问题，以及问题出现的原因—构建现代语文教学对话有效推进的教学方案—方案实施应用—研究成效评估—总结研究结论，提出研究建议。 （二）具体研究方法 1. 文献法 实践必须有足够的理论作为支撑才能进行下去，为此，课题组成员梳理国内外有关对话教学的相关研究成果和资料以及优秀案例等，并对已有的研究成果进行分析整理，作为本课题开展的资料基础；同时了解国内外教学对话理论的研究历史和现状，为本研究提供重要的理论依据。 2. 观察法 课堂观察是本研究用来帮助我们更好地了解教师在语文学科课堂教学中教学对话的实践以及作用的另一种方法。针对语文教学中教学对话推进的现状进行观察和记录，充分分析教学过程中存在的特点和问题。 3. 访谈法 访谈法是本研究根据调查的需要，以口头形式向访谈对象提出相关问题，通过访谈对象的答复来收集相关资料的一种研究方法。本课题研究围绕初中语文课堂对话这一主题设计了包含7个问题的访谈提纲，根据访谈提纲对本地区两所学校的初中语文教师进行访谈，通过分析访谈结果了解初中语文课堂对话现状，发现初中语文课堂对话中存有的问题，并在此基础上提出优化策略。 4. 案例分析法 对各种对话教学的优秀案例进行整理和分析，并以此为根据分析课堂上师生对话的行为和效果，探索当前中学语文课堂中师生对话的形式。 （三）研究计划 第一阶段：准备探索阶段（2023年9月至2023年11月） （1）确定课题研究方向和内容，建立课题研究小组，培训课题组成员，讨论研究方法，寻找查阅国内外相关研究文献，对教学对话在初中语文教学中的研究现状进行全面梳理，为课题研究做好前期准备工作。 （2）制订方案：征求课题组成员意见，编制整体方案讨论稿，对方案进行研讨、修改、定稿，提出立项申请。 （3）开题报告：召开课题成员和参与讨论课题的教师会议，邀请有关领导对课题实施方案进行评审和修订。

续 表

立论依据及项目实施方案	第二阶段：研究阶段（2023年11月至2024年12月） （1）引导学生关注初中语文教学中的对话，深入剖析初中语文教学中进行对话教学的可行性和必要性，探讨其在教育实践中的价值。结合教学实践，提炼适用于初中语文教学的对话教学策略与方法。 （2）开展专题研讨课观摩活动。整理教学设计、活动材料，进行相关研讨。 （3）开展优质课展示活动，组织听课评课活动，撰写教学后记及听课体会。 （4）撰写论文，并根据学生的实际情况对论文进行完善补充，以初步形成专题论文。 （5）定期对教学实践中的经验加以分析、提炼、筛选、整理，及时总结、反馈。撰写开题报告、中期报告。 第三阶段：结题阶段（2024年12月至2025年7月） 继续进行课题研究实验，完善研究工作，整理、分析实验材料，对本课题研究进行总结，指出研究的局限性和不足，提出未来研究方向和建议。召开研究成果汇报会，对外展示课题研究成果，听取各方面的意见和建议，促进课题研究的进一步完善，撰写结题报告。 五、创新之处 有效的对话教学有利于更好地编排课程，在教师和学生之间架起沟通的桥梁。在教学方面，教师评估学生的回答不能只看对错，还要判断回答是否完整、思维回路是否清晰、逻辑表达是否正确等。通过教师的有效评估，学生可以得到各方面及时的反馈。一方面，学生可以更好地掌握知识点；另一方面，学生的情感和认知能力可以被教师的评价感性地唤起。在抽象思维转化过程中，学生可以从具体思维过渡到更开放的思维。 本课题以对话教育理论为基础展开研究，了解在初中语文课堂教学的过程中，对话教学所发挥的作用。在了解初中学生语文知识积累的程度以及身心发展特点的基础上，结合课堂教学的实际案例，探讨语文课堂教学中不同的对话教学形式，以及对话教学对于课堂教学效率的影响等，能够为一线语文教师的课堂教学以及对话教学活动提供一定的案例参考。 首先，分析在本校实际的课堂教学中进行对话教学所存在的问题；其次，立足于本校教学的现实基础，探讨提升对话教学质量的方案策略；最后，对教学策略进行实践，评价对话教学推进的有效性。

27

续 表

项目研究基础	现有的研究工作基础、研究能力和外部条件等。 金教院教育集团组建了一个非常优秀的有知识储备、有研究能力的年轻团队；本人作为金教院教育集团语文学科工作室主持人，主持或参与区、市、全国重点课题，具备丰富的实战经验；与此同时，本人30多年来一直在一线教学，具备非常丰富的教学经验，参加过历届区"明天的导师"工程并担任首席导师，帮助众多的青年教师磨砺课堂教学；在理论学习方面，除了通识性的书本阅读之外，还研学了项目研究的专业书籍
项目预期成果	预期项目带教团队成员规模、带教成效和其他教育科研的研究成果等。 （1）在项目推进中，指导青年教师完成课堂教学设计、实录、反思、改进。 （2）汇编项目教学设计、对话推进策略案例文集。 （3）将项目研究的成果在区域内进行推广

说明：

1. 研究领域、方向、范围请勾选。

2. 项目研究要围绕立德树人教育根本任务，聚焦学科核心素养，瞄准教育综合改革重点任务，解决教育教学实践探索中的实际问题，预期在任期内有一定的研究成果体现。具体可以参照金山区教育科研"十三五"课题指南和相关德育研究课题指南等。

大单元视野下初中语文项目化学习策略探讨

近年来，大单元教学备受关注，项目化学习逐渐成为我国初中语文教学的一种重要方式。它以学生为主体、以问题为导向，突出学生的主体地位，充分发挥教师的指导作用，是一种具有创新性的教学方式。在这样的背景下，教师如何开展项目化学习显得尤为重要。

一、项目化学习的现状

（一）教师在语文项目化学习中缺少相应的指导

在初中语文项目化学习中，教师的作用是指导学生完成项目化学习，并让学生对其有深入的了解，以促进学生的发展。但是在实际教学中，教师在初中语文项目化学习中缺乏有效的教学方法，对项目化学习的认识不够深刻，对项目化学习的开展缺少有效的指导，导致语文课堂出现了"热闹有余，实效不足"的现象。

在当前的语文课堂中，教师为了提高课堂的教学效率，往往会在知识点的学习中采取直接灌输的教学方式，没有对学生进行有效的指导，学生无法掌握学习方法，导致出现"哑巴语文"的现象。教师的课堂教学以讲解知识点为主，缺乏实践训练。为了提高学生的实践能力，教师通常会让学生到社会中去进行实践训练。但是在社会实践中，教师又往往会忽视学生的个体差异性，无法为学生提供与他们的认知特点相匹配的实践机会，导致很多学生只能纸上谈兵，无法将理论知识与生活实际相结合，出现"眼高手低"的情况，无法全面、准确地理解与掌握语文知识。

（二）教师在项目化学习中缺少教学评价

初中语文教师在开展项目化学习时往往会缺少教学评价，也没有根据学生在项目化学习过程中的表现对学生进行综合评价。学生在完成项目化学习任务的过程中，如果遇到难以解决的问题，往往会直接选择放弃，而不会积极地寻求帮助。教师也没有给学生提供相应的反馈，导致学生在项目化学习过程中无法得到有效的评价。

初中语文教师在开展项目化学习时，虽然会进行相应的教学评价，但很多时候是根据自己的想法进行评价，很少会根据学生的表现对其进行综合评价。在开展项目化学习时，学生在完成项目任务的过程中会遇到很多问题，有些问题如果无法解决，就会影响学生的学习效果。教师如果没有根据学生在项目化学习中的表现对其进行综合评价，就无法给学生提供有效的指导与帮助。

（三）教师在开展项目化学习时不够重视教学反思

在进行语文项目化学习时，教师往往会忽视教学反思对学生学习效果的影响。教师缺乏对自己教学活动的反思与评价，没有意识到语文学科核心素养与大单元教学理念对自身教学活动的影响，没有根据自己的教学目标进行相应的反思与改进。

目前，我国很多初中语文教师都是基于传统的教学理念与教学模式开展项目化学习的，很少有人以大单元视野对语文项目化学习进行系统的分析与研究。教师在开展项目化学习时往往以知识点为中心，缺少对大单元视野下语文项目化学习模式的系统了解，忽视了对语文学科核心素养的培养。例如，教师在进行《壶口瀑布》教学时，可以以"江山多娇"为主题，设计活动项目来培养学生的合作意识、创新意识、生态文明意识、可持续发展意识、环保意识等。然而在实际教学中，教师只是按照教材上的知识点进行讲解，缺乏对学生创新能力和实践能力的培养。

（四）教师缺乏对项目化学习的整体规划

在语文项目化学习过程中，教师缺乏对语文教学内容的整体规划，往往只是根据自己的教学计划来选择教学内容。学生在进行语文项目化学习时，往往会陷入对知识的机械记忆中，这是因为教师在开展项目化学习之前，没有根据语文教材中的具体内容与学生的实际情况进行详细分析与规划，导致项目化学习的内容缺乏系统性与层次性。如果教师不能结合学生的实际情况来设计项目化学习任务，那么学生在完成任务时就会感到迷茫，也就不能真正地将语文知识与生活实际相结合了。例如，在初中语文八年级上册"变化着的社会"单元教学中，教师可以根据学生在项目化学习中的表现来制订单元教学计划，可以结合学生在项目化学习中所掌握的语文知识与技能来制订单元教学计划。再如，在学生完成《首届诺贝尔奖颁发》一文的阅读后，教师可以结合项目化学习任务"从《首届诺贝尔奖颁发》中选择一个人物进行研究"来制订单元教学计划。这样不仅可以使学生在语文项目化学习过程中有所收获，也可以培养学生的语文思维能力。

（五）教师缺乏对项目化学习的有效认识

教师在开展语文项目化学习时缺少对其重要性的认识，对项目化学习缺乏正确的认识，没有对其进行系统规划与安排，导致语文项目化学习出现"虎头蛇尾"的问题。教师在开展项目化学习时往往会脱离教材内容与教学目标，或将教学内容和教学目标分离，这样就导致项目化学习失去了意义。同时，教师在开展语文项目化学习时往往会忽视项目化学习对教学活动的影响，缺乏对学生的有效指导。另外，教师在开展语文项目化学习时往往会"闭门造车"，没有结合学生的实际情况选择适合自己班级学生的教学方案，导致项目化学习效果不理想。

二、初中语文教师在大单元教学中的作用

语文教师作为语文学科的主要建设者，在初中语文大单元教学中发挥着重要作用。首先，教师通过"大单元"视野下的项目化学习，能够为学生提供更加丰富、全面的语文课程资源，让学生在完成任务的过程中进一步强化对相关知识与技能的掌握。其次，在语文学科大单元教学中，教师可以基于单元教学目标，制订更为具体、完善的教学计划与方案，通过对单元主题进行整合与设计，让学生能够在学习过程中更好地理解知识与掌握技能。最后，教师还可以根据学生的实际情况来调整教学计划与方案，让学生能够更好地学习。

在教授《最后一课》时，教师可以把这一单元中的《应有格物致知精神》《我一生中的重要抉择》《庆祝奥林匹克运动复兴25周年》等几篇课文放在一起设计，以"我心中的爱国情"为主题来设计一堂课。首先，教师可以向学生介绍本单元所涉及的知识点与内容，如"爱国情"是什么、什么是"爱国主义"、怎样培养爱国情感等。通过对这些知识点的学习与掌握，学生能够更好地理解课文内容，从而进一步激发学习语文知识与技能的兴趣。其次，在此基础上，教师可以布置任务，让学生完成一篇以"最后一课"为主题的作文。

三、大单元视野下初中语文项目化学习原则

（一）真实

真实是项目化学习开展的基础，是学生能否开展项目化学习的前提条件。只有在真实的情境中，学生才能产生真实的问题，才能围绕问题展开探究。真实情境可以是生活中的一个场景，也可以是一篇文章或一个故事。在实施项目

化学习时，教师应引导学生走进真实的生活、融入真实的情境，使学生在"做中学，学中做"。例如，在教学《故乡》时，教师可以设计"走进鲁迅"这样一个项目化学习主题。在实际教学中，教师可以组织学生走进鲁迅纪念馆，了解鲁迅的生平、阅读他的《故乡》等作品。学生在教师的引导下进行探究，并深入了解鲁迅的生平，使项目化学习真正落到实处。

（二）发展

教师要想让项目化学习更加顺利地开展，就要对学生进行必要的指导，帮助学生在学习过程中掌握一定的方法。同时，教师要不断总结教学经验，对项目化学习进行优化，将其应用到初中语文教学中，从而提高教学效果。

（三）建构

在项目化学习中，教师应积极构建以学生为主体的教学方式，根据学生的实际情况和语文学习规律，让学生参与到项目化学习中来，在完成项目化学习任务的过程中掌握相关知识。另外，教师还应重视对项目化学习进行总结和反思，以确保项目化学习取得成功，真正为学生提供一个展示自己的平台。

（四）开放

项目化学习是一种开放的学习方式，这不仅体现在教学方式上，也体现在学生学习方式上。在项目化学习中，教师要让学生保持开放性的思维，积极主动地参与到学习活动中，这样既可以激发学生的兴趣，又可以提高学生的实践能力，使其充分发挥自己的潜能，不断提高自身的综合素养。

（五）创新

教师在开展项目化学习时，要对教材进行适当创新，以确保项目化学习的内容和形式更贴近学生，可以将教材中的文章改编成项目化学习的案例，让学生通过项目化学习掌握新知识。此外，教师还可以利用新媒体技术、新媒体设备等对教材内容进行创新。

四、大单元视野下初中语文项目化学习策略

（一）单元教学整体设计，把握单元整体目标

项目化学习的目标不是单一的，而是需要根据具体的项目进行设计的，教学活动也是围绕项目进行的，因此，在设计项目化学习目标时，需要紧紧围绕"大单元"进行。在初中语文教学中，教师在进行项目化学习时，可以先将大单元教学进行整体设计，了解各个单元的主要内容及教学目标，把握各个单元的教学重点与难点。课程标准已对每个单元都提出了具体的学习要求和教学目标，教师在进行项目化学习时，可根据这些要求来设计教学活动。

比如，在进行"生活的记忆"教学时，教师首先要了解这个单元的教学重点和难点。通过对这个单元整体进行设计，教师可以明确本单元所要学习的重点内容。在学习过程中，教师需要让学生掌握整个单元的思想情感和语言特点，让学生在了解文章内容的基础上理解作者所要表达的感情。

（二）梳理语文要素，确定项目主题

语文要素主要包括"语言""思维""审美""文化"等，在项目化学习中，教师需要对语文要素进行梳理，并在此基础上确定项目主题。让学生在完成任务的过程中，感受到语文知识的魅力，同时提升自己的核心素养。

例如，在学习"美景依然"单元时，教师可以引导学生对文中涉及的人物进行梳理：一是通过梳理《三峡》一文作者郦道元的事迹，了解其思想内容；二是分析《答谢中书书》一文作者陶弘景的性格特点；三是了解《记承天寺夜游》一文作者苏轼的生活态度。在梳理语文要素的基础上，教师可以将这些要素进行整合，从而确定项目主题，如"身边的美景""写美景的方法"等。通过这种方式确定的项目主题，能够更好地落实语文要素。

（三）围绕项目主题，创设真实情境

在大单元教学中，项目化学习的开展需要有一个主题，主题可以与文学、历史、科学等不同学科相关联。在设计项目时，要根据学生的生活经验、知识积累和认知规律，创设一个真实的情境，让学生在情境中发现问题、解决问题、形成感悟，这样的学习才能让学生真正有所收获。

例如，《春》是人教版七年级上册第一单元的第一篇课文。在项目化学习中，笔者将这一单元的学习内容与学生的生活经验相结合，创设了如下教学情境：在上课之前，笔者给大家播放了一段视频《春天来了》，视频中一只小鸟从窝里飞出来，在空中自由地飞翔。学生被这个有趣的场面所吸引，随后笔者将这个视频导入项目化学习："看完这个视频后，你们觉得春天是一个什么样的季节？它是怎样表现出来的？"学生带着问题看完视频后就会明白"春天的脚步"是怎样的。

（四）丰富学习内容，提供丰富资源

丰富的学习资源是开展项目化学习的保障。教师需要充分利用已有资源，也要注意资源的丰富性。如在教学"情趣与理趣"这一单元时，可以根据教材内容，联系学生的生活实际，设计"我为庄子献一计"项目化学习活动。

"我为庄子献一计"项目化学习活动可以从以下几个方面开展：①根据学生的阅读情况，设计一个关于"大道之行也"的辩论赛；②结合学生生活实际，让学生对庄子进行评价；③开展与庄子有关的社会调查。通过开展这一系列项目化学习活动，学生不仅学习了语文知识，还学会了很多做人做事的道理。

教师可以多渠道、多方式地向学生提供丰富的项目化学习资源。在选择资源时，教师需要注意真实性、针对性和有效性，需要以学生为中心，为学生提供丰富的资源，满足学生发展的需要，让每个学生都能找到适合自己发展的学习方式。

（五）设计评价任务，促进评价多元

项目化学习是一种综合性、实践性的学习，因此需要形成多元评价体系。在项目化学习中，可以设计不同类型的评价任务，比如课堂作品展示评价任务，小组作品展示评价任务等。项目化学习不仅要有学生的自主参与、自主体验、自主探索，更要有教师的参与和指导。教师要根据学生的实际情况，设计不同类型的评价任务，采用多元的评价方式，注重并及时反映学生学习过程中的表现和进步，让学生能够及时了解自己的情况。

在项目化学习中，教师可以为学生创造良好的探索环境和氛围，让学生在教师指导下自主学习、自主探索；也可以采用任务驱动型教学方式，通过设计不同类型的评价任务来引导学生探究与发现、合作与交流、反思与总结，让项目化学习成为学生深入思考、终身学习的有效途径。

（六）聚焦核心素养，优化评价方式

项目化学习不仅需要关注学习成果，更需要关注学生在整个学习过程中的表现和变化。项目化学习通过评价促进学生的成长，也让教师从不同角度观察学生的发展，更好地了解学生在项目化学习中的真实状态。

在项目化学习评价中，教师需要通过多元评价方式，让评价更具针对性、发展性和激励性。一方面，可以采用自评和互评相结合的方式，由学生对自己的项目化学习进行自我评价和总结；另一方面，也可以采用学生自评、教师评价和家长评价相结合的方式，对学生项目化学习进行全面、客观、公正的评价。教师需要将评价贯穿于整个教学过程，让学生通过多种方式进行自我总结和反思，以此来促进他们更好地成长。

（七）构建教师共同体，助力项目推进

教师是课堂的主导者，大单元视野下的语文项目化学习，需要通过师生合作来共同完成。因此，在项目化学习实施过程中，需要组建一个能够与项目相匹配的教师团队。可以根据项目的特点与教学需要，建立不同类型的教师团

队，例如学科教学共同体、教学研究共同体、合作学习共同体等。不同类型的教师团队针对不同的教学内容与需求，设计不同类型的项目来进行教学，如合作学习共同体可以"以核心素养为导向"设计项目化学习任务，学科教学共同体可以"基于教材单元"设计项目化学习任务，而教学研究共同体则可以围绕"如何实现有效课堂"来设计项目化学习任务。组建不同类型的教师团队，不仅能够有效地促进不同类型的教师之间的互相交流，还能够激发教师的合作意识与交流意识，共同推动大单元视野下语文项目化学习的深入开展。

五、结语

总之，项目化学习是一种先进的教学方式，它可以有效提高学生的综合素养，使学生更好地适应新时期的发展需求。因此，教师应积极采用项目化学习方法，提升教学效果。教师在实施项目化学习时应坚持以下原则：一是突出学生的主体地位；二是引导学生主动探究；三是引导学生合作探究；四是鼓励学生个性化发展。在实施项目化学习的过程中，教师要发挥主导作用，引导学生参与项目化学习，帮助学生发现问题、分析问题、解决问题。此外，教师还应关注学生的发展，帮助学生树立正确的价值观、人生观和世界观，充分尊重学生的主体地位。

参考文献：

［1］郭美联.大单元视野下初中语文项目化学习策略探析［J］.语文课内外，2022（4）：148–150.

［2］包佳玉，侯爱玲.大单元视野下初中语文项目化学习策略研究［J］.基础教育论坛，2021（33）：57.

［3］吴碧瑜.大单元视野下如何开展初中语文项目化学习［J］.语文教学与

研究，2022（14）：126-127.

［4］温兴标.从"大学科"教师走向"大生命"设计师——大单元视野下的初中语文项目化学习的实践与思考［J］.语文教学与研究，2023（3）：84-88.

［5］钱华.大单元视野下的初中语文项目化学习策略研究［J］.中学课程辅导，2023（14）：111-113.

"呵护学生的好奇心"是语文教学的起点

一、起因

秋风渐起，细雨蒙蒙。英语课正在进行中，学生笔尖灵动，神情专注……教师正在报选择题的答案——"B"，生怕学生听不明白，便加上一个"B"开头的单词——"boy"，接下来的答案是"D"，单词是"dog"，然后是"A"，忽然有一个声音响起："Apple！"班里笑声渐起。教师再报答案"F"，又有一个稚嫩的声音紧随其后："Fish！"学生的笑声更响了。谁知，教师顿时怒容满面："课堂纪律分扣除0.5分！"教室里顿时鸦雀无声……

二、感悟

当教师用自己认为合适的方式报答案的时候，学生举一反三，应对自如，这本是好事，然而，面对学生从他们学习能力的最初状态——模仿出发的学习，这样一种知识能力的迁移，教师所采取的方式竟然是全盘否定……他这一节课扣掉的又何止是纪律分——学生建立在模仿基础上的创新被扼杀了！

三、思考

明天要教授刘禹锡的《陋室铭》，如何入手呢？串讲？让学生自己讲？回想英语课上发生在学生身上的事，笔者反问自己在保护学生的好奇心、创造力上该做些什么。单纯地向学生表明笔者所持的观点是没有任何意义的，也许还会使学生养成不遵守课堂纪律的坏习惯。如何在自己的课堂中让学生的好奇心和创造力得到满足呢？笔者根据自己已有的教学经验，结合学生喜欢尝试使用文白夹杂的语言进行写作的特点，让学生来写一写文言文，以满足他们的好奇心。

四、实践

课堂出示：

室雅何须大

山不在于有多高，有了仙人就成了名山；水不在于有多深，有了龙就成为灵气的（水）了。这是简陋的屋子，只是我（住屋的人）的品德高尚。苔痕碧绿，长到阶上，草色青葱，映入帘里。平时和我一起谈笑的都是博学的人，来来往往的没有平民百姓。可以弹奏不加装饰的古琴，阅读佛经。没有嘈杂的奏乐声来扰乱我的耳朵，没有官府的公文让我的身体感到劳累。（类似的屋子还有）南阳诸葛亮的草庐、西蜀扬子云的玄亭。孔子说：有什么简陋的呢？

学生一起合作"翻译"成文言文：

室雅何须大

山不在高，有仙就名；水不在深，有龙就灵。斯是陋室，惟吾德高。苔痕碧绿，草色青葱。谈笑皆博学，来往无平民。弹古琴，阅佛经。无乐声之乱耳，无公文之劳心。南阳诸葛亮之草庐，西蜀扬子云之玄亭。孔子曰：有何陋焉？

当学生"翻译"到最后一句的时候，巨大的成就感促使他们不由自主地齐声诵读起来。学生沉浸在自己创作的"古文"中，红扑扑的脸上写满笑意，个个摇头晃脑……于是笔者回想自己在教学《从百草园到三味书屋》的时候，让学生想象一下鲁迅的先生寿镜吾在读到他自认为与作者"心有戚戚焉"的部分的那份投入——把头拗过去、拗过去。当时的学生找不到感觉，只是一味觉得好笑，可是此时、此地、此境、此景，他们终于懂得了。最佳的教学时机出现了，笔者出示原文：

陋室铭

山不在高，有仙则名。水不在深，有龙则灵。斯是陋室，惟吾德馨。苔痕上阶绿，草色入帘青。谈笑有鸿儒，往来无白丁。可以调素琴，阅金经。无丝竹之乱耳，无案牍之劳形。南阳诸葛庐，西蜀子云亭。孔子云："何陋之有？"

这时，师生合作，一起分析原作的长处和其中蕴含的语法现象（押韵、对偶、词性活用、历史典故等）。学生听得非常入神，不时还会参与进来，比对自己的作品和原作的差异，并且心悦诚服地认为刘禹锡写得比他们自己写得好，主观上也愿意弄清楚原作好在哪里。这样的操作充分满足了学生参与课堂教学实践的愿望，而且在操作的过程中，也利用好奇心牢牢地把握住了学生的兴趣。

五、后记

也许学生写的第一篇文言文还是非常稚嫩的，但并非一无是处；也许这样的教学方法在平时的教学中也并不提倡，但是偶一为之也无伤大雅；也许教师直接讲述文言文的写法能使学生的笔记更加齐整，但是这样一来，经典美文或许就只是他们学过的众多文言文中的一篇而已了……

李贽曰："夫童心者，真心也。"真性情是需要我们合理适时地去引导和保护的，保护学生的好奇心不仅是一门科学，也是一门艺术，更是一种修养。

它要求每一位教师都用心去体会，用爱去实践，用包容、开放、创新的品质去滋养，甚至还必须学会面对和忍受学生的天真与顽皮、无理与蛮横、顶撞与冒犯、挑战与超越。然而，这都是值得的，因为一颗颗闪亮的童心让我们的世界少了许多老气横秋，多了许多生机勃发；少了许多枯燥乏味，多了许多清新灵动；少了许多按部就班，多了许多突飞猛进……

创设均衡发展环境，助力每个孩子健康成长

每一朵花儿都有绽放的可能，每一个孩子都有发展的空间，教育的功能就在于帮助他们如花朵一般盛放在阳光下！

一、背景简介

在现在的学校教育和家庭教育中，不科学的教育方式仍然存在，这就导致了孩子们的行为习惯、个人学能和潜质无法得到很好的规范与发展。成长中的孩子每时每刻都在发生着变化，这种变化产生的原因很多：成长中的孩子心性还不稳定，极易受到外界的影响，正能量的影响可以将他们导向善良、优秀、健康、积极，让他们能量无限；而负能量的影响则极易使他们迷失方向，变得消极、不思进取，随之而来的破坏力也是惊人的。成长中的孩子学习能力非常强，如果得到正确的引导，他们的表现将会让你喜出望外；但如果没有得到正确的引导，他们就会将注意力转移到其他地方，调皮捣蛋，进而滋生各种事端。

二、事例过程

受到生源的影响，学校的分层教学开展得极其艰难。在一个年级的6个班级中选择一个进行分层教学班设置，其他5个班各具特色，我们3班在这样的情况下建立起来了。

记得预备年级刚开学的时候，有个孩子扬着一张笑脸问我这个班主任："老师，我们班是特色班吗？"我摸摸他的脸，转向全体同学，让他们安静下来，说："同学们，我们6个班都是各具特色的，但我们班需要用3年的时间让我们的特色更加明显，从而走一条属于我们自己的'特色'之路。"我的口号是响亮的，孩子们的反应却是茫然的。这时，我忽然想到，报到之后紧接着就是3天军训，于是我就接着话茬说："同学们，3天军训最后的会操，我们将会是总分第一的先锋排，你们信吗？"没有人回答，孩子们都是满脸疑惑。然而，3天军训结束的时候，我们真的是总分第一的先锋排！第一名是怎么获得的呢？军训，我和他们一起站着，用行动告诉他们怎样的行为是受人尊敬的；广播操，我和他们一起学，告诉他们无论什么困难在努力面前都是纸老虎；休息时刻，我和他们一起玩，告诉他们校园生活的多彩，老师是他们的伙伴和朋友。从内务到会操到队列，我们都是出类拔萃的，回到学校，我再问他们，信吗？学生异口同声："信！"

一个良好的开端，树立起的是孩子们的信心。预备年级的流动红旗对于我们预备（3）班而言是"不流动"的，因为我们能够一直把它留在我们教室里，而且，我对学生的要求是流动红旗评比中的第一名，这在很大程度上改变了他们在小学时形成的一些懒散习惯。21天养成一个习惯，一个学年下来，预备（3）班的孩子们在行为规范上的良好习惯养成了，而且这样的良好习惯也延续到了初一。我们班先后获得了"班班有歌声"五月歌会一等奖，运动会入场式表演一等奖，学校卫生检查第二名，校园集体舞比赛一等奖等各种奖项。我们班的校园集体舞还代表学校参加了区学生集体舞比赛，并准备参加金山区教育学院的教师节颁奖大会的表演。

然而，这些成绩并没有改变3班的孩子们在学业上的举步维艰。初一上学期的期中考试，除了语文学科之外，数学、英语成绩与4、5、6班还是"难兄难弟"，甚至比他们更为困难，怎么办呢？这是摆在我们3班面前的一大难题，如何解决关系到孩子和家长的信心，以及未来的3班能走多远。

我首先想到的是寻找突破口，以数学学习为抓手，把班级中的36个孩子分成6个学习小组，利用每天午自习时间进行分组学习，帮"困"脱"贫"，并立下规矩，这样的学习从周一到周五雷打不动。到初一上学期结束的时候，3班的数学平均分就开始领先4、5、6班5分左右了。初一第二学期开学，延续这样的方法，我们继续努力。本来以为我们可以扩大战果，结果期中考试的数学平均分还是只领先5分，我们需要寻找新的方法来突破这个瓶颈。于是我就再度按照学习状态进行分组，把班级中的孩子分成提高1组、提高2组、提高3组，力求让提高1组的孩子"会吃"，让提高2组的孩子能够"吃饱"，让提高3组的孩子能够"吃好"。之所以统称为"提高组"，是为了让每个孩子都有信心。面对不同难度的试卷，面对不同要求的题目量，孩子们有一种学习和讨论的快乐，他们沉浸在学习数学的快乐之中。第二学期的各次小测验，包括期末考试，3班的数学平均分领先4、5班达15分之多，班级的不合格人数也从预备年级的15人减少到2人，和1、2班的数学平均分差距从预备年级时的20多分缩小到8分左右。学习的终极目的不是分数，但是借用分数可以说明：只有方法的改善，才会有学习的进步！

三、反思感悟

（一）原因分析

第一，预备年级的孩子，站在一个新的起点上，有较大的发展可能性，往哪儿发展取决于在哪个方向上所受到的引力更大，所以要从军训开始定下一个非常好的基调。

第二，每个学生都有成为好孩子的愿望，只是在小学漫长的5年学习生涯中，可能受很多因素的影响，没有发展得很好，行为上落后了，学习上就困难了，因此要充分利用新的环境打破旧的陋习，重建新的行为准则。

第三，自信心一旦建立起来，就会成为孩子们成长的助推器，而这样的自信心还来自团队成员的互相感染。

（二）措施分析

在这两年的努力中，我一直坚守一个原则：育德为先，学业坚守。所以在预备阶段，我首先把重点放在行为习惯的养成上。规矩非常重要，尤其是对孩子来说，如果不在他们的心目中建立起行为准则，那么他们还是会在小学的陋习上徘徊，甚至往不好的方面发展。

对于学业而言，单打独斗怎么可能战胜团队协作呢？如果每个学生都在"要我学"的牢笼中兜兜转转，就会孤单而疲惫。但是，如果把学习变成团队作战，就会让辛苦的事情变得有趣而轻松，还有成就感。

四、效果分析

从奖状和考试分数，我们不难看出，学生们的改变是非常明显的。

第一，学生的精神面貌变了。从3班走出去的每个孩子的脸上都洋溢着自信和温暖。集体舞排练时，他们能够发扬学习数学时的互助精神，坦诚而正直，严格而友好。对此，借用我们办公室一位老师的话来评价——3班的孩子看着特别阳光！

第二，学生的集体观念强了。每一个孩子在校园生活中都注意到自身的行为与班集体的关系了，因为他们明白在教室里，他代表自己，跨出教室门，他代表初一（3）班，走出校门，他代表教院附中。这样的观念在他们的脑海中根深蒂固了，这样的自主意识将惠及终生！

第三，学生的学习主动性强了。以前，孩子们交不出作业或是抄作业的情况屡见不鲜。但是自从分组之后，在小团队的互助之下，各个组的作业上交情况一直比较理想，家长、任课教师也反映孩子的作业不用总催促了，作业质量也在不断提高。

更多的效果或许会在他们日后生活的每一天中得以体现，因为教育本身就是"功在当代，利在千秋"的。

五、教育反思

人的潜能是无限的，巧用方法，用爱引导，是铸人，更是树魂。初一（3）班走上了属于自己的"特色"之路，在这条路上，每个学生都极尽所能地展现着他们在各个方面的才华，培育着他们的素养，形成着他们积极向上的健康人格。如果我们放弃这样好的教育契机，没有树立他们的自信，没有关注他们的差异，没有想方设法帮他们在行为、学习习惯的养成上铺一块砖、搭一座桥的话，我们就很难看到他们身上的这些变化——向着善良、努力、互助、自信成长。有人说教育是向阳的事业，我想究其本质，可能是因为我们带着孩子们一起向着阳光奔跑！

助力花儿绽放，我们在路上……

对初中作文梯度教学的一点儿思考

"初中作文梯度教学"的项目研究告一段落，我对研究过程中遇到的问题和收获总有一些不吐不快的感悟，在此与大家分享一二。

当初提出这一议题，是因为目前的作文教学既没有单独的教材，也没有明确的分年级要求，所以教师往往只能根据自身的经验和该年级、该学期的教学要求来安排作文教学，导致每次作文教学之间没有相互的关联，教师对于学生写作能力的训练点也不清晰。因此我们要兼顾初中4年的作文教学要求和各年级学生的不同的能力来进行作文教学的设计。

一路行来，在不知不觉中我对初中作文梯度教学有了如下思考。

一、寻找出目前作文教学存在的弊端

（一）目前学生作文存在的弊端

1. 缺少积淀

现在的学生由于受应试教育、电脑网络等的影响，往往很少将时间花在阅读上，对于古今中外的文学作品了解得很少，能够将语文课本仔细读完就已经不错了。这就导致学生缺少语感，缺少文化常识，更谈不上拥有文化素养了。而作文作为语文学习的出口，学生的内在文化素养会在字里行间显现出来，缺乏文化积淀，自然写不出好文章。

2. 盲目搬徙

因为阅读量不够，缺乏系统的训练，导致学生对课文内容一知半解，不会将其中的写作方法应用到自己的文章中，走入语文学习的误区。

3. 无病呻吟

受众多电视媒体无良文化的影响，近年来有不少学生的文章体现出一种少年的无病呻吟，即不以任何事件为依托的风花雪月式的抒情。文章没有真情实感，还未写通顺就想要卖弄文采。

（二）目前作文教学存在的问题

1. 作文训练缺乏系统性

目前，初中4年的作文教学基本上处于各年级各自为政的局面，即便是一个年级的学生的作文也缺少前后连贯，教师对学生作文的训练点不够清晰。

2. 作文训练缺乏目的性

作文练习没有针对细节提出具体的训练要求，学生的每一次作文都是在同一层面上游移，自己也不清楚自己的优缺点所在，对写作的认识与修改更无从谈起。

3. 作文训练缺少成就感

完成一篇作文，不像完成一张数学试卷或做出一道难题那样立刻获得成就感。写作的过程往往比较漫长，而且因为学生缺少自我判断，所以很难自我肯定，再加上教师看一篇文章需要的时间也相对较长，等到再次拿到作文，对学生来说，就有点儿"黄花菜都凉了"的感觉。同时，文章发表或获奖的机会少之又少，不能起到鼓励的作用。

二、初步形成了初中作文教学的梯度

（一）预备

1. 作文训练目标

事件叙述清楚、完整。

2. 作文训练篇目

第一学期：

"我的新发现""上学路上""我家的小宠物""假如_____""在母爱的长河里""美丽的手"。

第二学期：

"我的一个新朋友""特殊的礼物""等""心儿怦怦跳""我特别敬重这样的人""雨中情"。

3. 作文训练具体要求

（1）掌握记叙的六要素，学会把内容写具体。

（2）了解记叙文的开头和结尾。

（3）掌握人物描写的方法。

（4）学会作提纲。

（5）教师面批作文。

4. 作文训练具体操作流程

（1）命题、写作、交流。

（2）根据训练要求修改作文。

（二）初一

1. 作文训练目标

在叙述清楚、完整的基础上要求生动、重点突出，能够围绕叙述的重点表达自己的见解、看法。

2. 作文训练篇目

第一学期：

"我想告诉你的一件事""我的新发现""留在记忆深处的_____""我们学校一景""给_____的一封信""_____情深"

第二学期：

"致春天""沟通不容易""美好的回忆""我特别向往这样的人""成长路上""闯关"。

3. 作文训练具体要求

（1）能够合理安排内容的详略。

（2）学会安排记叙的顺序。

（3）掌握必要的修辞手法，并学会运用。

（4）熟悉环境描写的方法。

（5）学会互改作文。

（三）初二

1. 作文训练目标

做法与初一年级相同，但是文章要有一定的深度。

2. 作文训练篇目

第一学期：

"一次有益的探索""生活也是一本教科书""_____是一种享受""小事不小""爱就在我身边""那一刻，我的心中春暖花开"。

第二学期：

"考试前后""往事如歌""他（她）变了""小议'到此一游'""精彩一刻""珍贵的礼物"。

3. 作文训练具体要求

（1）学会多角度观察生活，发现生活的丰富多彩，捕捉事物的特征，力求创意表达。

（2）根据需要采用恰当的表达方式；学习环境描写串联成线。

（3）能运用联想、想象表达；学会安排双线索作文。

（4）要感情真挚，力求表达自己对自然、社会、人生的独特感受和真切体验。

三、课题研究搭建了作文教学脚手架

初中课题研究搭建的作文梯度教学脚手架，如下图所示。

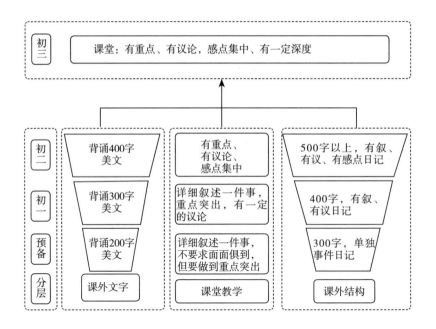

四、课题研究建立了作文教学的分年级范例

在实践研究的过程中，我们建构起了学生作文的分年级训练要求及目标，让初中4年不同阶段的作文都能够体现出年龄与表达程度的差异。下面是各年级范例。

（一）预备年级

利用学期作文的要求，进行专题作文指导，预备年级训练的重点在于叙述的完整性、重点的突出。

预备年级学生作文存在着语句表述不清晰，事件前因后果交代不清楚，同一个意思的词语反复多次出现，叙述事件过程完全凭个人想象、不合逻辑等问题。因此，在起始年段让学生把事件梳理清楚、写清楚相当重要。

范文1：

还记得那年夏天，我要去上早课。我早早起床，走在小区里，我隐隐约约地看到几个穿着绿色衣服的人，慢慢靠近后发现原来是保洁阿姨在打扫。我心里想："哇，那么热的天气，还要那么早出来打扫，好辛苦呀！"当我上好课，回家时看到了几个保洁阿姨还在打扫。一个画面让我看得有点儿不忍心了。当我低下头时看到一个阿姨，正在把地上有人乱扔的口香糖给铲掉，可是口香糖好像在跟阿姨作对一样，它顽强地粘在地上，但阿姨却没有放弃，她的坚持换来了成功，但她满头大汗。她的衣服上也都是汗水了。随后我还看到好多的保洁阿姨，在小区的每个角落打扫着。

修改1：

记得那年夏天，我早早起床去上补习班。走在小区里，我看到了几个穿着绿色衣服的保洁阿姨在打扫卫生，心里想："那么热的天气，还要那么早出来打扫，好辛苦呀！"等我上完课回到小区，看到那几个保洁阿姨还在打扫，有一个画面让我有点儿感动。只见一个阿姨正在铲地上的口香糖。黑乎乎的口香糖好像在跟阿姨战斗一样，顽强地粘在地面上。阿姨没有放弃，不但用小铲子来回地铲，而且连那沟沟槽槽的地方也不放过。她的坚持换来了成功。此时的阿姨满头大汗，衣服都能挤出水来了。

点评1：

不需要提太高的要求，学生将想要表达的内容交代清楚，把重复出现的内容删去，将句子组织完整，将无关内容删去，将重要的内容强化，是作文教学的第一步。

（二）初一

初一作文训练的重点为叙述完整、在重点突出基础上做到生动表达。

这个年级的学生已经有了一定的叙述能力，但是他们的描述能力仍显不足，所以指导学生把作文写生动就显得尤为重要。

范文2：

我开始准备材料，先从冰箱里取出一块牛肉，放在砧板上，妈妈说："切的粗细要均匀，像笔芯这样粗细就行。""啊，这么难啊。"我只好硬着头皮上了，"那我试试吧。"我先切了一点儿，妈妈看过后，说："太粗了。"我又切了一点儿，妈妈又指出了问题："太细了。""我不干了，一会儿嫌粗，一会儿嫌细，这么麻烦啊。"我放下手中的刀。"这是你自己要做的，又没人逼你，何况无论做什么事都不能半途而废，你怎么能被这一点儿困难就吓倒呢？"我听了这些话后便虚心向妈妈请教。妈妈说："手要稳，把刀拿低点儿，手摁住肉，就可以切好了。"说完妈妈演示给我看，我边看边认真学。妈妈切了一半，我照着妈妈的样子把剩下一半给切了，终于第一步切菜的任务完成了。

修改2：

我开始准备材料，先从冰箱里取出一块牛肉，放在砧板上，妈妈看了看我说："切的粗细要均匀，像笔芯这样粗细就行。"并示范着切了一点儿。看着妈妈娴熟的动作，我在心底不禁狂喊："这玩意儿怎么就这么难啊！"但是箭在弦上不得不发，我只好硬着头皮说："那我就试试吧。"心虚是不能放在脸上的，自己夸下的海口，收是收不回来的，于是我边嘴里说着，边摆开架势，操刀上手，开工。我先切了一点儿，妈妈看过后，提醒道："太粗了。"于是我将手指又朝待切的肉移过去一点儿，心里是怯怯的，生怕将手指切掉。

又切了一点儿，妈妈微笑着说："有进步，就是粗细不均匀。""我不干了，一会儿嫌粗，一会儿嫌细，这么麻烦啊。"我嘟哝着放下手中的刀。"这是你自己要做的，又没人逼你，何况无论做什么事都不能半途而废，你怎么能被这一点儿困难就吓倒呢？"我听了这些话后脸红了，向妈妈请教。妈妈说："手要稳，把刀拿低点儿，手摁住肉，就可以切粗细均匀了。"说完妈妈演示给我看，我边看边认真学，妈妈切了一半，我照着妈妈的样子把剩下一半给切了。

点评2：

写不生动是学生作文普遍存在的一个问题：不会在事件的叙述过程中将人物的情感放进去，不会在说话人的提示语上做文章，不会用鲜活的语言让自己的描述具有画面感。上面这样的改进于学生而言，是有着实际操作上的指导意义的。

（三）初二

初二作文训练需要在初一作文训练要求的基础上显现一定的认知深度。

这个年级的学生无论是身体还是心智比起初一年级都有了一个跨越式的进步，对事物本质的认识也在加强，因此，该年级作文要求在事件叙述生动、具体的基础上能够显现一定的认知深度。

范文3：

一个双休日，母亲在家休息。家中已有多日不曾打扫了，于是，母亲硬拉着我一起打扫。扫地的是我，浇花的是她。母亲种花已有好几年了，她把阳台装饰得像个小花园，看那株吊兰，绿油油的。我每次来到阳台，总会感到愉快、舒畅。我不由得感慨，母亲精心打理这个家，使我感到温馨、美满。不一会儿，我扫完了地，她浇完了花。看着自己的劳动成果，我感到劳动很快乐，尤其是和母亲一起劳动。开始拖地了，我打水，母亲拖地。不一会儿，在我们母子俩的齐心协力下，地板如同新的一般，透着光亮。看着我们的劳动成果，我和母亲都露出了微笑。此时，我似乎看到花儿也绽放出了微笑，我的心中暖暖的。此刻，谁都不能体会我们心中的快乐。

修改3：

我们家的阳台被母亲装饰得像个小花园，看那株吊兰，绿油油的。我每次来到这里，总会感到心情愉快、舒畅。我不由得感慨，母亲的蕙质兰心和对家庭的用心用情。一个双休日，母亲出差回来，在家休息。这时家中已有多日不曾打扫了，这对于母亲来说是无法忍受的。于是，母亲硬拉着我一起打扫。扫地的是我，浇花的是她；抹桌子的是我，洗衣服的是她……我听到母亲一直轻轻地哼着小曲。不一会儿，看着自己的劳动成果，微笑荡漾在母亲的脸上，而我也觉得很快乐，尤其是和母亲一起劳动。最后一道工序：我打水，母亲拖地。不一会儿，在我们母子俩的齐心协力下，地板又如同新的一般，透着光亮了。此时，我似乎看到花儿也绽放出了微笑，我的心中暖暖的。此刻，谁都能想见我们心中满溢着的快乐。美好的生活、亲情的温馨，不就是在这样平凡琐碎的劳动中酿就的吗？

点评3：

文字总是传达某种情感或思想的，即便算不上"文以载道"，也得让学生学会使用文字来表达自己的思想情绪。小作者描写了与母亲一起搞卫生的过程，我们看到的就是一幅亲子欢乐图。感受就来源于实实在在的生活，对于初二的学生，足矣！

五、课题研究成了教师成长的载体

随着研究课题的不断深入，教师的理论水平提高了，教学理念转变了，作文教学的设计在形式上开始多样化了，内容上也趋于生活化了，前后作文主题形成系统了，学生的作文也越来越贴近他们的生活了。课题组教师对作文教学的关注度逐渐提高，在不断设计新教学方案的过程中形成了新型的作文教学策略，并能主动进行作文教学的探索与研究。在研究过程中，课题组的教师多次承担各项教学公开课的任务，并获得各级各类的奖项。

2012年9月，王连英老师被聘为金山区语文学科导师。

2014年1月，王连英老师被聘为金山区语文学科发展中心专家团成员。

2013年10月，王连英老师的作文教程《致夏天》《本学期我读到的最喜欢的一本书》，由上海教育出版社出版。

2013年12月，王连英老师的"语文教学现场微型报告"——《初中作文梯度教学探究》，由上海教育出版社出版。

任何一项研究，使我们在欣喜地看到自身进步的同时，也总是会让我们反躬自省。作文教学可谓一个庞大的体系，从外在环境到作文教学本身，对学生写作水平的提升都是一个潜移默化的影响过程，而显性的影响对于每一个个体的作用又是不尽相同的，所以，作文的个案研究有着更为广阔的空间，因为学习是个体性的、自主性的。现在的教学真的不能用一根相同的尺子去丈量不同的个体、不同的个性了，所以我们将在作文梯度的个案研究上投注更多的心力。

参考文献：

[1] 黄荣华，兰保民. 作文教程：习作可以这样写（六年级）[M]. 上海：上海教育出版社，2013.

[2] 上海市中小学幼儿园课程改革委员会. 上海市初中科学课程标准解读 [M]. 上海：上海远东出版社，2006.

[3] 上海市教育委员会教学研究室. 语文学科教学基本要求（试验本）[M]. 上海：华东师范大学出版社，2009.

附：

初中作文教学梯度训练如下图所示。

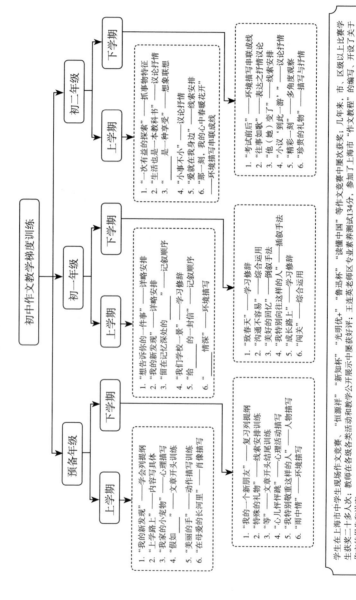

初中作文教学梯度训练

预备年级

上学期
1. "我的新发现"——学会列提纲
2. "上学路上"——内容写具体
3. "我家的小宠物"——心理描写
4. "假如____"——文章开头训练
5. "美丽的手"——动作描写训练
6. "在母爱的长河里"——肖像描写

下学期
1. "我的一个新朋友"——复习列提纲
2. "特殊的礼物"——线索安排训练
3. "等"——文章开头结尾训练
4. "心儿怦怦跳"——心理活动描写
5. "我特别敬重这样的人"——人物描写
6. "雨中情"——环境描写

初一年级

上学期
1. "想告诉你的'件事"——详略安排
2. "我的新发现"——详略安排
3. "留在记忆深处的____"——记叙顺序
4. "我们学校一景"——学习修辞
5. "给____的一封信"——记叙顺序
6. "____情深"——环境描写

下学期
1. "致春天"——学习修辞
2. "沟通不容易"——综合运用
3. "美好的回忆"——倒叙手法
4. "我特别向往这样的人"——插叙手法
5. "成长路上"——学习运用
6. "____闯关"——综合运用

初二年级

上学期
1. "一次有益的探索"——抓事物特征
2. "生活也是一本教科书"——议论抒情
3. "____是一种变受"——想象联想
4. "小事不小"——议论抒情
5. "爱就在我身边"——线索安排
6. "那一刻，我的心中暖花开"——环境描写串联成线

下学期
1. "考试前后"——环境描写串联成线
2. "往事如歌"——表达之抒情议论
3. "他（她）变了"——线索安排
4. "小议'到此一游'"——议论抒情
5. "精彩一刻"——多角度观察
6. "珍贵的礼物"——描写与抒情

学生在上海市中学生现场作文竞赛、"恒源祥""新知杯""鲁迅杯""读懂中国""光明优+""新语杯"等作文竞赛中屡次获奖；几年来，市、区级以上比赛学生获奖二十多人次；教师在各类各类活动和教学公开展示中屡获好评；王连英老师在区专业素养测试134分，参加了上海市"作文教程"的编写，开设了关于作文的报告和讲座。
学校初三语文中考成绩连年上升。

培养阅读习惯，开启成长之路

——一名中学班主任、语文教师的教育观

一、一池秋水起波澜

（一）叩问

中国民间有一句俗语："三岁看八岁，八岁看到老。"这句话指向孩子习惯养成的重要性，告诫我们：习惯，无论好坏，一旦养成将很难再改变。而在学校教育中，这些养成不良习惯的学生被称为"问题学生"。那么这些学生身上的问题有无改变的可能呢？用什么方法改变呢？苦情教育？说教？高压？如果教师面对的不是一个这样的学生，而是一群呢？

（二）视线

视线一：

秋日晌午，窗外，阳光正好。写字课上，有位女同学转身与后面相隔两排的同学窃窃私语，教师的声音响起："安静，安静！"犀利的目光转向女同学，被批评的女同学却对教师做出了一个不雅的手势……

视线二：

"interesting""mathematics"……琅琅的读书声回响在预备（3）班的走廊。"哇！"突然而至的喊声，美文美读的画面破碎了。英语老师循声来到这

位同学的身边，原来后排同学想把剪刀还给前排同学，前排同学正在认真听课，没有理睬，于是后排同学拿着剪刀不小心伤了前面的同学……

视线三：

手机铃声响起，电话中哭声传来："老师，我儿子……他在学校有这样的举动吗？……他不听话，不做作业，我拿他一点儿办法也没有，呜呜……"这是一个无助而又教子无方的母亲的哭泣，而她的身边还有一个两岁的小儿子需要哺育……

预备年级伊始，突发事件接踵而至，让我这个有着二十多年班主任经验的语文教师也感到无力招架。这些看似不起眼的"琐事"，该如何处理呢？在现今的教育形势下，在学生的内心越来越脆弱、个人行为越来越不恪守规范准则的前提下，我们该怎么办呢？我陷入了深思……

二、阅读思考解疑窦

马斯诺关于人的需求的五个层次说明人是有渴望的，渴望分为物质的或者精神的，而精神上的大多是希望能够引起他人的关注、重视。对教师做出不雅姿势也好，不小心剪破同学耳郭也罢，在我理解了他们之后，认为这些行为无一不是在向世界宣告他们的存在、显露他们的心智。一般来说，学习成绩优秀的学生，受到关注的概率远远高于学习上有困难的学生，后者要么被忽视，要么经常受到批评，滋生的负面情绪得不到有效的疏解。虽然他们的行为在某种程度上只是想引起别人的关注，但是因为自控能力不强，往往会有出格的举动。而且这样的问题很多时候会被忽视：学生面前批评一下，教师、家长那里安抚一下，事情就随着时间流逝而被搁置。学生在不经意间长大了，谁也不会看到这样一件件小事所导致的后果其实反映在他们的行为上。而教师的这种处理方法，其实是有原因的，能够跨入教师这一行列的人基本上都是大学毕业的，他们大多是没有所谓的"学习困难的学生"经历的，因此，如果没有深入学习心理学的话，很难站在那些学生的角度去考虑问题，而只能本着自己内心的想法，打着"为你好"的旗号，居高临下地考虑、处理问题。然而，因为这样的事件不止一次地发生，我开始关注这些新形势下的学生的问题，我想和他们一起努力来做一些改变。

于是我联想到自己曾经有过的"学习困难的学生"经历，找到了解决这些问题的思想理论上的关联。两届导师团，是我成长中的弥足珍贵的学习过程，回首这六年来走过的路，感受最深的是自己的知识储备的缺乏。因为导师团的工作安排，有很多时候我需要为众多青年骨干教师做讲座，给不同的学生上示范课，在不同层次的座谈会上发言……说实话，由于自身的不足，很多时候我会有大脑一片空白的无助，回到家里会苦恼、会抱怨。我想，那时的我和文章开头提到的我的学生在群体中的感受是一样的。作为导师团平台上的"学习困难的学生"，我该怎么办呢？还要不要往前走，是躺下还是站起？在这艰难的努力的过程中，破茧成蝶不是说说那么简单的。想想自己没有做好的那时那刻，旁人的目光好似利剑，让我无处躲闪，让我的心无处安放……

解决的办法是任何一个语文教师都明白的——阅读，所以窘境驱使我再一次拿起书本。一年中，我阅读了《迷人的阅读》《中国哲学简史》《非暴力沟通》《如何阅读一本小说》《如何阅读一本书》《魏晋风华》《春秋》《人间失格》《听王荣生教授评课》《人性中的善良天使》《重返美丽新世界》《遇见未知的自己》《鲁滨孙漂流记》《解忧杂货店》《摆渡人》《平凡的世界》等书。

我慢慢发现阅读不仅开阔了我的视野、拓展了我的知识面、增强了我的文化底蕴、净化了我的心灵，而且优化了我的言语体系，无论是口语还是书面表达。我为了成为"优秀的学生"而努力着……

三、师生互推整本书

在自身的阅读进步中，我产生了这样一种想法，开启一条道路，一条以阅读来带动学生为人、为学的道路，因为我坚信好的书籍可以影响人。

于是我便把家里的书带到了学校，学生看到以后就问我看的是什么书。我给他们看，他们便装成看得懂的样子翻阅着（这是预备这个年龄段的学生的心理特点），我说如果你们能够找出书上的错别字，有奖励；如果找到问题把我问倒了，有大奖励。可爱的学生开始拿起笔，把他们看到的书上的问题用笔记下来，一下课就过来问。他们的问题各种各样：竹林七贤、建安七子、乐府双璧、三国、水浒人物，甚至还有军事、医学等。有些问题我能答上来，有些答不上来，我就反问他们，让他们去查答案，看着他们踌躇满志的样子，我的内心是窃喜的。接下来，我在班级里表扬那些到我这儿借书看的同学，不厌其烦地点名表扬，还把我和他们互动的过程在班级里描述。就这样，上我这儿来借书的学生越来越多了。在我没有更多书的时候，有一个学生怯生生地问我有没有看过《摆渡人》，我马上向他借，他就把书借给我，还声称这本书是最好看的。我用极短的时间将这本书看完，不是我着急阅读，而是怕冷了学生的心。然后，我开始思考学生为什么喜欢这本书，在和学生交流这本书"好看"的原因的时候，我明白了：这本书中的主角崔斯坦和迪伦之间那种纯洁的、浓烈的青春期的爱令刚刚开始萌动情感的他们"心有戚戚焉"，而我们作为成年人往往会忽略学生的这种内心的需求，不能正确看待。除此之外，此书中的"努力、坚持"最终走向成功，"助人者自助"的思想多少也会影响他们的成长。

对于那些所谓的"问题学生"推荐的书，我更是不遗余力地抓紧阅读，并和推荐者交流阅读感受。班中有个让老师们头疼的学生有一天传给我一张字条，上面写着："《解忧杂货店》"。我走到他身边问他有没有这本书，他马上从抽屉里拿出来放到我面前。看完书，我们俩从偷车的敦也、翔太、幸平谈起，最后说到了"浩介该不该出走？浩介在面对他父母为了让他平安生存下去，制造了一场车祸，葬身大海的时候，会如何反思自己的行为以及将来怎样生存下去"的问题的时候，这个学生的回答明显带有他自己的思考：如果是我，也许也会这么做，因为我也一意孤行，觉得妈妈唠叨的时候，我也想走开。我感觉到这样的讨论比起自己在一节又一节的班会课甚至是语文课上，凭着语文教师的三寸不烂之舌，洋洋洒洒的说教有用得多，于是顿悟：一切贴近心灵的方式都是最佳的！

心灵是不能荒芜的，阅读是不能暂停的，21天可以养成一个习惯。上半学期我的教学生涯就是在不亦乐乎地回答学生提出的问题，以及不断和学生互相借书中度过的，学生的精力也被牵制在了寻找可以推荐的好书和看书上了（在班级里我不谈成绩、考试分数，只谈阅读）。有一天，我注意到了班级中最调皮的男生书桌上放了一本中英文对照版的《简·爱》，这份欣喜于我而言犹如一道微光……

四、实践操作有真知

这个学期一开学，影响全国的整本书阅读越来越被重视，这与我的做法不谋而合，而我也在这一路下来的磨砺中，不断地总结，申报了一个学科项目——"基于核心素养培育的整本书阅读教学策略研究"，希望在科研带领下，把培育学生的核心素养的语文教学之路走向纵深。我更坚信书籍会从不同的方面影响学生的成长，相信书本润物无声的功效会在阅读的过程中发挥到极致，我更愿意借着这一项目的落实，来帮助那些有需要的"问题学生"。

我正在开展的项目中有一项工作是，每天晚上朗读书籍的一个章节（老师划分好的），第二天自习课匀出10分钟时间讨论。刚开始，那些"问题学生"是不会读的，因为他们没有回家做作业的概念，但是讨论他们是听得见的。我安排全班阅读的是同一本书——《平凡的世界》，读了的学生好奇路遥笔下的这段岁月离现在并不远，但为何与现在的生活差别如此之大，总是用"可以怎样""为什么不"的方式来提问，而那些不阅读的学生是插不上话的，我无法描述他们的心理，但我看得到他们的改变：为了能和同学有共同话题，他们都开始翻阅起书来。这是良好的开端。

阅读《鲁滨孙漂流记》，讨论中，学生的问题涉及鲁滨孙的不幸是不是因为不听父亲的话，在艰难的境地中，为什么鲁滨孙能够生存下去等，最后得出结论：做事不能冲动，要听爸爸妈妈的话，做事要未雨绸缪……

后来每当学生之间或者学生与任课教师之间有嫌隙的时候，我就问他们：对于你们现在的问题，在你们看过的书籍里有应对的方法吗？一个学生可能找不到方法，但是集全班同学的智慧一定会找到解决问题的好方法。记得家长向我反映班级中有些学生抄数学作业这件事，我拿这个问题在班级里讨论时，学生就提到《解忧杂货店》中的月兔在信中说的话："妈妈常跟我说，不懂的事情不能马上去问人，自己要先努力查找答案。"当学生把这句话提取出来进行讨论的时候，就在不自觉中明白了、强化了这种认识。

作为教师和家长，我们往往站在成人的角度、立场，带着"为你好"的主观意愿，做一些自以为是的评判、处理，而效果往往不佳，《红楼梦》中贾瑞的悲剧就是一个典型的例子，这或许是当前教育问题的症结所在。我想用阅读的方式，让学生浸润在书籍的氛围中，用他们这个年龄的认知和方式去理解、处理问题，给学生一个面对问题的机会、空间，帮助学生学会学习、生活。这或许就是语文的力量，我想这应该是语文教学的起步，也是目标。

罗森布莱特认为文化是一场旅行。确实，每读一本书就是进行一次文化旅行，按照罗森布莱特的"交融理论"，这场文化旅行的价值和意义在于读者的参与。在读者的参与过程中，作品和读者会产生往复、螺旋、起伏和互相促进的影响。读者不是直接从作品中获得真理，而是在阅读的过程中，对于作者所述，结合自己的独特经历、文化认知交融而产生对生命的认知。于是我想：

生命，又何尝不是一次旅行呢？旅途中，书本就是一个美好的向导，既不凌驾于你的认知之上，又不会慵懒到没有智慧和真知灼见让你产生洞见。一本书的力量或许有限，但是在你的一路前行的风尘中，如果有一个又一个来自不同领域、不同风格的"向导"引导你的人生，该是何等的幸福；在你面对每一个人生的坎坷，攀登每一座高峰的时候，会不停地得到鼓励、帮助，这样的快乐弥足珍贵！

书香浸满人生路。就这样，让学生走上阅读之路，从经典的书籍开始，在阅读和讨论中，让学生明情悟理，在书本中疏解自己情绪，在书本里慢慢学习道理，学习爱人和被爱，成为更好的自己！

中 篇

聆听"课"语

收"录"之声

聆听"课"语

《阿长与〈山海经〉》

【单元教材】

（一）教法分析

1. 学习价值

在我们的教材中，有很多值得我们学习的英雄伟人，但是本单元的几篇课文讲的都是关于"小人物"的故事。这些人在社会中占大部分，他们没有传奇的经历、伟大的事业，也没有深厚的学识和豪迈的语言，但是他们身上闪耀着朴素的爱和纯真的善，心中充满平凡的向往、坚定的追求。学习这些文章可以帮助学生审视人性、理解社会、净化心灵，这份温暖与朴实会影响他们一生。

2. 内容结构

在《阿长与〈山海经〉》中，作者深情回忆了童年时的保姆阿长，表达了对这位命运多舛却仁厚善良的女性的感激与怀念。在《老王》中，杨绛回忆与车夫老王的交往，展现特殊年代中的人性美，讴歌珍贵的友情，表达对不幸者的悲悯和对自身的反省。在《台阶》中，作者讲述"父亲"建新屋、修台阶的故事，引发读者对物质追求和精神追求错位现象的多元思考。在《卖油翁》中，作者讲述了一个充满大智慧的小故事，深入浅出地阐明"熟能生巧"的道理。从内容的角度来看，四篇文章各有侧重：《阿长与〈山海经〉》更多地表现长妈妈的可敬与可爱，《老王》则更多地刻画了老王的忠厚与善良，《台阶》更多地表现父亲的追求与失落，《卖油翁》传授的则是人生经验。几个方面一起，有助于深化学生对"怎样做人"的理解。

本单元四篇课文，文体有所不同，《阿长与〈山海经〉》《老王》是散文，《台阶》是小说，《卖油翁》是古代笔记小说。但四篇文章都是叙事性的，学生可以从中领会叙事性作品的写作特点。

（二）教学目标

（1）了解不同叙事文体的基本特征，学会从标题、详略安排、角度选择等方面把握文章重点，提高整体把握文章的结构层次的能力。

（2）加强文本细读，关注细节描写以及前后内容的内在联系，揣摩人物心理，把握人物形象特点，培养对普通人特别是普通劳动者的尊重，体会平凡人物身上闪光的品格。

（3）结合文体特点和作者的叙事风格，展开多种形式的诵读，加深对作者情感态度的理解和对文本意蕴的体悟。

（三）课时规划

《阿长与〈山海经〉》3课时、《老王》2课时、《台阶》2课时、《卖油翁》1课时。

【单篇教材】

（一）教法分析

从内容上来说，在《阿长与〈山海经〉》中，作者从童年视角回忆了自己与长妈妈相处的过往，有让作者不大佩服的三件事，有让作者不大耐烦的以

"吃福橘"为代表的一系列规矩，更有让作者产生空前敬意的"长毛"事件，然后文章笔锋一转，开始叙述真正让作者敬意油然而生的阿长买《山海经》事件。文末，作者又从成年人视角表达了对阿长的怀念和感激，深蕴其中的愧疚也许是学生无法直接读懂的。

从叙述视角来说，文章对过往的回忆是童年视角，而生发出无尽的怀念、感激和愧疚则是成人视角。本文在详略的处理上，更是独树一帜。从标题来看，阿长买《山海经》事件肯定是重中之重，但在描写让作者不大佩服的几件事中，详写的是阿长睡相粗俗；在让作者不大耐烦的规矩中，详写的是"吃福橘"事件；在让作者发生空前敬意的事件中，详写"说长毛"事件。然而这样写的几件事又有程度上的差异，层次分明，一步步展开，一点点铺开，一路走向情感的高潮。除此之外，文中还有一些直接表达作者情感的句子，以文末的最后一句最为典型。

遵循文本固有的特质，遵循学生学情，遵循执教者一贯的教学风格和构建起的教学策略，我采用"写了什么—怎么写—为什么写"的阅读策略组织学生学习。"写了什么"要解决的问题是从内容分析入手，厘清文章脉络，分析人物形象；"怎么写"是希望学生学会在整体感知基础上解构文本，在进一步梳理文本的基础上学习一些写作的技巧，比如详略的处理，伏笔、线索的安排等；"为什么写"解决的是写作目的的问题，即作者写这篇文章的目的、价值、意义。

（二）学情分析

（1）从心理上来说，七年级学生好奇心强烈、求知欲旺盛、自我意识开始觉醒，所以对于自我探索方式的学习应该是感兴趣的。

（2）七年级的学生没有初中语文学习的经历，但接触过鲁迅的《从百草园到三味书屋》，也完成了《朝花夕拾》的整本书阅读，对"阿长"是有一定了解的。

（3）从七年级第一学期开始，我就力求用"写了什么—怎么写—为什么写"的方式让学生构建起文本阅读的方法，所以他们是有一些思路的。

（4）从教授班级的情况来说，学生们的自主研读能力还是可以的，语文基础也非常不错。

（三）教学目标

（1）以对"写了什么"的探究梳理文本，厘清文本思路，明确阿长人物形象。

（2）以"怎么写"和"为什么写"提问，探究文本写作特色，探寻作品的写作意义。

（3）品味文本语言，进一步感受阿长淳朴善良、仁厚慈爱的品性。

（四）教学重难点

厘清文本思路，明确阿长人物形象。探究文本写作特色，探寻作品的写作意义是本课教学的重点，也是难点。

（五）学前准备

学生自读课文两遍。

（六）教学过程

1. 从内容上看，文章写了什么

有预设，但不强求学生一定从哪一部分切入，但是在平时教学中，引导学生从文章的主体部分开始梳理文本。

目的

在梳理清楚文本的基础上，明确人物性格品质。

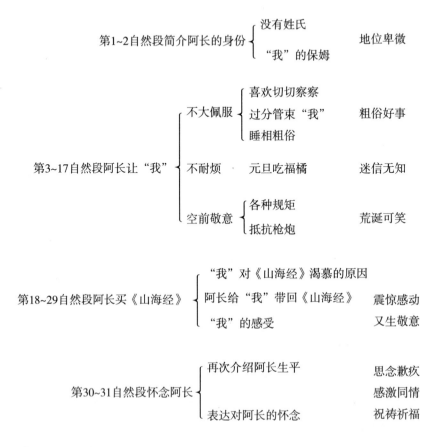

第1~2自然段简介阿长的身份 ── 没有姓氏 / "我"的保姆 ── 地位卑微

第3~17自然段阿长让"我" ──
- 不大佩服 ── 喜欢切切察察 / 过分管束"我" / 睡相粗俗 ── 粗俗好事
- 不耐烦 ── 元旦吃福橘 ── 迷信无知
- 空前敬意 ── 各种规矩 / 抵抗枪炮 ── 荒诞可笑

第18~29自然段阿长买《山海经》 ──
- "我"对《山海经》渴慕的原因
- 阿长给"我"带回《山海经》── 震惊感动
- "我"的感受 ── 又生敬意

第30~31自然段怀念阿长 ──
- 再次介绍阿长生平 ── 思念歉疚 / 感激同情
- 表达对阿长的怀念 ── 祝祷祈福

说明

这个部分的教学设置了两个层级：第一层级，在文章中寻找到各部分内容，梳理文章写作顺序，明确文章内容，并对各部分内容进行概括；第二层级，在各部分内容的概括中，构建人物形象。

这个环节的设置，首先给予学生一定的阅读自主权，因为每个人对于文本的感知存在着差异，我们尊重这种差异，尊重个人阅读的第一感受。所有学生都有课前的预习，这样的预习已经有一段时间的试行，学生已经建立了一定的思维路径。同时，每一类文本也一定有其内在逻辑，所以教师也会提供方法上的引导，从文本的主体切入，对于分清主次非常有意义，解构文章的时候就比较方便，梳理思路也就水到渠成了。

梳理清楚文章思路之后，接下来就是对文章内容的朗读、分析、概括。在朗读中感受，在分析的基础上对各部分内容进行概括。概括方法的传授是在学生概括的基础上进行纠正和补充，让学生明白内容概括和事件概括的区别。

在此基础上，师生共同合作，分析得出作者想要表达的情感、心理。从具象到抽象，这既是对学生概括能力的培养，也可以帮助学生感悟人物形象。

2. 从方法上看，文章是怎么写的

目的

确定标题、找到叙述视角、梳理内容关系。

1.探究标题 ——— 标题的结构
　　　　　　 标题的内容

2.探究几个部分之间的关系 ——— 第3~17自然段与第18~29自然段的关系
　　　　　　　　　　　　　　 第6~11自然段与第12自然段的关系
　　　　　　　　　　　　　　 第1、2自然段与第30自然段的关系

3.文章的叙述视角 ——— 儿童视角
　　　　　　　　　 成年视角

说明

这个部分的教学我也设置了两个层级：一是从标题出发，探究各部分之间的关系，并明确文章叙述视角；二是不设先后顺序，以学生的发现顺序来解读文本。

探究文章内容几个部分之间的关系的目的是学习文章的详略处理上的妙处。就全文来说，阿长买《山海经》这件事是耗费笔墨最多的，此外，"吃福橘"事件和其他的规矩之间形成点面结合，阿长睡相粗俗又是"我"不大佩服她的事件中着墨最多的，"说长毛"花费颇多笔墨，但是"谋死隐鼠"却是一语带过，真是错落有致、各有安排。

关于文章的叙述视角，文章主体是儿童视角，描述自己与阿长相处中的一些事情，成年视角主要用来表达自己的感受和想法。那么多年以后还能记得那么清楚，由此足见年少的"我"对《山海经》的渴慕程度，也足以从侧面烘托出阿长的行为对"我"的影响，也足见"我"对她的感恩和怀念。

其实文章的标题是我们首先要进行解读的，其要么表明文章的主人公、主要事件、主要物品，要么揭示文章的中心，所以平时的教学中，我非常注重引导学生关注文章标题，从标题中提取有效信息。

3. 为什么写

目的

探究作者写作的意图、价值、意义。

说明

"为什么写"关乎作者的写作意图、文章的价值意义。对这一问题的探究可以帮助学生更深入地走进文本，理解文章中心，甚至可以引导学生从文本中走出来，关注写作背景、作者的其他作品，来明确作者的思想底色。

（七）作业设计

（1）仿照文章第6~12自然段点面结合的方式写一写"照片里的故事"，注意细节描写。

（2）再读《朝花夕拾》，感受阿长这一人物形象的特点。

（3）用"写了什么—怎么写—为什么写"的模式来预习《老王》。

《桃花源记》

——基于语文学科核心素养的学科德育教学设计

【实施基础】

《桃花源记》中语文核心素养的内涵包括以下两个方面。

1. 文化传承与理解

理解汉字之美，传承汉语文化，弘扬民族精神，提高思想文化修养，是语文学科关键的核心素养。语文教学是母语教学，汉语中的字词很多都带有传统文化基因，有的明显有象征意义，比如"长江""黄河""月""红梅"等；有的会自然引发某种联想，如"柳"与"留""青"与"情"等。只有解读、理解并传承这些"文化密码"，我们才能读懂汉语的丰富意蕴。《桃花源记》中有着太多这样意蕴丰富的四字词语和成语，例如"豁然开朗""鸡犬相闻""无人问津"等。掌握这些字词，对于学生核心素养的形成有重要意义。

2. 审美鉴赏与创造

在看待生活中的事物时，如果能够抛却它们的实用价值而专注于其本身，发现其有一种超越现实的内涵、一种内在的精神，触动、感染了你，丰盈、滋润了你的内心，令你愉快，便是在以一种审美态度欣赏外界。《桃花源记》本身的文字就具有意蕴美，读起来朗朗上口，譬如"……中无杂树，芳草鲜美，落英缤纷""豁然开朗。土地平旷，屋舍俨然，有良田、美池、桑竹之属"等。当我们深入这些文字，反复诵读、反复玩味其中蕴含的道理时，我们就进入了审美鉴赏的层次。

【背景分析】

（一）学科（语文、德育）分析

"文以载道"，语文学科承载着教书育人的双重功能，新的初中语文教学大纲中写道："在教学过程中，要进一步培养热爱祖国语言文字，热爱高尚的审美情趣和一定的审美能力，发展健康个性，健全健康人格。"高尔基也说："文学即人学。"人文性与思想性一样，都是语文学科的本质属性。

我们都知道文言文不是一个个汉字的简单罗列，而是中国千百年来的文化的融合和碰撞，是历史淘洗后的精华，是中国古人的生活、经历、情感的积淀，是中国古人生活的再现，是古人生活的真实写照。每一个汉字都有丰富的内涵，都有生命，可谓字字珠玑。如果学生读一段文言字句时，只能读懂其字面意思，却参不透文字后面的深刻意蕴，就可以说其缺乏古文的修养。

（二）教材分析

《桃花源记》是一篇故事性很强的文学作品，表达了陶渊明对理想社会的追求，文本中蕴含着丰富的育德因子。

陶渊明之所以能创造出这样一个美好社会，同他本人的经历也有密切关系。陶渊明在农村过了几十年的隐居生活，亲自参加农业劳动，和农民交朋友。生活虽然穷，但和淳朴的老百姓在一起生活，比在官场和那些醉心功名利禄的人相处更让人心情愉快。这说明陶渊明对广大农民有深厚的感情，这是他笔下那么美好的桃园生活的基底。

作者虚构这个故事是有寄托的。他生活在东晋末期战乱频繁的环境里，长期隐居农村，对农村的现实有了更深的了解，对人民的愿望有了切身体会，于是构想出他心中的理想社会、世外桃源。虽然这种美好的生活在当时是无法实现的，但是他对美好生活的渴望成就了这篇典范之作。

读这篇名作，可以看到作者的美好理想，也可以看出他无法克服的思想矛盾，在这样的基点上，学生在感受他无法实现理想的无奈时，能懂得现在的幸福生活来之不易。

（三）学情分析

九年级学生正处于形象思维向抽象思维过渡的时期，在阅读中有激情、有活力，但往往缺乏理性，对课文所表达的思想感情吃不透、抓不准。因此，教学时必须引导学生从句式、文言现象和重点词句入手，教给学生学习文言文的方法，引导他们体悟作者的情怀。因为九年级的学生处在形象思维向逻辑思维发展的过程中，借助具象的形象（文字、故事）来感知文章思想内容，对他们而言或许不存在太大的困难，但是从具象中抽象出一些普众性的认识，可能就比较困难了，因此，养成一边朗读一边思考的习惯对他们来说尤为重要。

另外，从心理学的角度来讲，美好的事物可以引导并激发人们对美的兴趣和倾向性，所以对处在九年级的青少年做这样的引导既是必要的，也是可行的。

【教学要求】

《上海市中小学语文课程标准（试行稿）》中对六至九年级学生学习文言诗文的要求：

（1）能借助注释、工具书和有关资料，大体理解浅易的古诗文的内容，了解文言诗文涉及的作家、作品及相关的文学知识。

（2）能理解古诗文中词句的含义，积累一定量的文言实词，四年的实词积累量达到150个左右；能了解常见的文言虚词的意义或作用；积累一定量的文言句子，能结合语境理解常见文言句式的意思。

（3）能欣赏优秀的古诗词的意境，清楚地表达自己的阅读感受。

（4）能背诵一定量的文言诗文，四年的背诵总量在10000字左右。

【教学重难点】

重点：从语言文字入手，感受桃花源之美与文本之美，培养学生文化认同和文化自豪感。

难点：感悟作者对所描绘的理想生活的向往，以及隐含着的对当时社会现实的不满。

简要说明：《桃花源记》，篇幅不长，内容翔实，文字优美，综合体现了我国古文化的文字之美、意蕴之美，可以培养学生的文化认同。

【教学过程】

（一）教学目标

（1）从语言文字入手，感受桃花源之美与文本之美，培养学生对祖国文化的认同和文化自豪感。

（2）感悟作者对所描绘的美好理想生活的向往和憧憬。

制定依据：将文本的文字之美和内容之美，深切地化为自身的认识，是对古代文化的认同和体验，对于培养学生的文化认同和对祖国民族文化的骄傲自豪具有重要意义。这篇文章的文字在文言文中并不是相当难懂的（个别的字词除外），但是其内容之美和形式之美却未必是学生能够感悟得透的，学生很难理解作者写这样一个世外桃源在当时有何进步意义。因此，引导学生感受古文语言的优美和思想的深刻是很有必要的。

（二）教学流程

《桃花源记》的教学流程，见下表。

时间	教学环节	教师活动	学生活动	设计意图
约5分钟	布置预习	引导学生熟读课文、查找关于陶渊明的相关资料	按喜欢的方式读	学生熟悉文本，初步感知文字之美
约5分钟	开篇激趣	1. 古文回顾。 2. 师生同诵《桃花源记》	用心倾听，思考问题	营造良好氛围，入情入境
约1分钟	导入文本	范读，提问： 桃花源美不美？美在何处？	圈画、思考	帮助学生尽快走入文本，同时调动学生思维
约24分钟	讨论交流	1. 探究文本内容之美：环境优美、生活安宁、民风淳朴、神秘奇特。 2. 探究文本形式之美：作者行踪、成语、四字词语（学生自由发言疏通文本，教师根据实际情况进行点评）	讨论、交流	让学生浸润在文字中，感受作者对桃花源的精细刻画，体会蕴含在文字中的意境之美，感受祖国文字"字尽意远"的妙处
约5分钟	深究品味	问：作者为什么要创作出这样一个美好的桃花源呢？作者介绍，写作背景介绍	交流，各抒己见	突破疑难，深化对文章主题的理解，增强对民族文化的认同
约1分钟	点拨感悟	问：文章表达了作者怎样的思想情感？	思考、感悟	进一步感悟主旨
约1分钟	作业布置	1. 读背。 2. 改写第2自然段。 3. 积累成语卡片	动笔、动脑	浸润文本、感情悟意

（三）作业设计

（1）读读背背《桃花源记》。

（2）改写《桃花源记》第2自然段。

（3）制作成语知识卡片。

（四）德育因素与实施策略

1. 德育因素

"文以载道"，语文和德育向来是一体的，《桃花源记》中蕴含的德育因素有很多，比如：

（1）《桃花源记》的文字之美，"中无杂树，芳草鲜美，落英缤纷"，语言凝练，抓住一点（桃花），刻画出了桃花源中的桃林之美，营造了引人入胜的环境，为渔人进一步前行奠定基础。

（2）《桃花源记》中的意境之美，"复行数十步，豁然开朗。土地平旷，屋舍俨然，有良田、美池、桑竹之属。阡陌交通，鸡犬相闻"，这里炊烟袅袅，田野纵横交错，一派祥和、温馨。

（3）《桃花源记》中的人性之美，"便要还家，设酒杀鸡作食。村中闻有此人，咸来问讯"，可以看出这里的人热情好客；"阡陌交通，鸡犬相闻。其中往来种作，男女衣着，悉如外人。黄发垂髫，并怡然自乐"，可见这里生活宁静安稳，人们谦和达观。

优美的文字可以通过朗读来感受，美好的情感可以在朗读的过程中内化为学生对美好的认知；在学习的推进过程中，学生可以将文本的意趣延伸到自身的生命体验中去。

2. 思想方法

将学生成长规律和语文教学规律一体化构建，从语文学科德育的维度解决育人问题。

运用这些古典文章来对学生进行德育教育，是语文教学的一个重要内容，是语文教师的责任，也是历代教育家提倡的"传道"精神的体现。

《桃花源记》充满文字美、意境美、人性美，阅读文字、感情悟理，既是语文教学的抓手，更是让学生认知提升、生命成长的关键手段，可以让学生在认同祖国古代文学艺术的基础上，产生学好语文，多阅读、多背诵古诗文的愿

望和内在驱动力。（以美驱动）

3. 能力、情感与态度

（1）能力：《桃花源记》的课堂教学着力培养学生对文字的感知能力，通过品词品句来提高学生的文字敏感度，使其进一步理解蕴藏在文本中的思想情感。

（2）情感：书本知识与个人情感的交融。

（3）态度：正确地对待古文化的态度和古为今用的学习语文态度。

4. 实施策略

（1）教学目标

① 从学科角度，尽可能地挖掘出文本的形式之美（文字之美）和内容之美（桃花源所构建的理想社会之美），来增强学生的民族自豪感。

② 感悟作者所描绘的理想社会的美，培养学生对美好社会的憧憬，对现在幸福生活的珍惜。

（2）教学环节

① 学习文言文要激发学生兴趣。文言文是我国古人留下的宝贵文化遗产，所以在教学过程中要引导学生正确认识其价值。在课前营造氛围，充分利用多媒体手段，播放一些有关桃花源的图片，激发学生兴趣。

② 在预习的环节，让学生读熟课文、查找作者的相关资料，顺利进入学习状态。

③ 加强文言文学习的语感，是文言文教学的重要环节。合理运用教师的示范朗读，学生大声朗读、示范读，在朗读中推进教学进程。

④ 在问题导引下的讨论，既有方法上的指导，又有对于文本的逐步深入，学生在感受文字之美的基础上理解文本之美就成为一种可能。

从文字导入，到感悟情感，再到认可文化思想，产生文化认同和信赖，是一个循序渐进的过程，这样的教学行为将文本中的"道"传递给学生，这应该就是语文和德育的一体化教学。

（3）教学策略

① 课前对文本的熟悉和对教学资料的占有，是学习语文的一个法宝。任何一篇文章或者一位作家都不是平面的，都是立体的，所以在学习一篇文章之前，我往往会安排学生熟悉文本、了解写作背景。构建好的基础，对于学生读懂文本，产生文化认同有着举足轻重的作用。

② 以朗读为抓手是语文教学的不二法宝。在朗读的过程中，学生自然而然地形成了自己的看法。类似《桃花源记》这种篇幅不长的文言文，朗读教学是可以关照到每一个学生的，效果也是立竿见影的。

③ 在前两者的基础上，本课的重点是感悟桃花源的环境美、生活美，体会作者对美好生活的向往之情。我先让学生感悟桃林美景，再感悟桃花源的美及作者的感情。桃花源的美这个问题可以不用合作探究的方法，作者的思想感情这个问题偏难，可以用合作探究的方法。

④ 文化认同是一种无声的浸润，是起于文字、根植于心灵的美好，绝不是教师传授给学生的，而是在学习过程中，学生自然而然生发的。

（4）作业设计

① 朗读并背诵课文，既可以让学生感受文字之美，感悟、体验作者的思想情感，又可以在潜移默化中让学生为祖国的文字之美而自豪。

② 作者对于桃花源中美景的描绘可以给我们提供极大的想象的空间，让学生用现代汉语进行改写，既加强了对文本的理解，又能用语言来表达自豪感。

③ 这么多的四字词语和成语出现在同一篇文章中，不仅表现出了桃花源的美，也让我们感受到了祖国语言文字之美。

《森林中的绅士》

【教学目标】

1. 从语言文字入手，感悟作者对豪猪的细致刻画。

2. 感受语言文字表现出来的，作者对于豪猪似的生活方式的讽刺。

【制定依据】

这篇文章理解起来是有难度的，难的不是理解豪猪的形象而是豪猪所影射的社会现实。这篇文章的作者笔调幽默风趣，对豪猪的刻画精细，值得学生学习，因此，作为执教者，我们在把作者的这种写作方法传授给学生的同时，蜻蜓点水地提一下作者文字背后的影射也未尝不可。再者，我认为对学生而言，读一些超出自身年龄的东西也不是坏事，如果所有的阅读都发生在认知范围内，那么就很难产生吸引力。所以对于本课，我采取深文浅教的方式，以讲解作者精细的刻画为主，然后披文以入情，让学生感受字里行间流露出来的作者的情感。

【教学过程】

《森林中的绅士》的教学过程，见下表。

时间	教学环节	教师活动	学生活动	设计意图
约3分钟	开篇激趣	1. 自我介绍。 2. 单元回顾。 3. 举例铺垫	用心倾听，思考问题	跨校执教，拉近与学生的距离，消除陌生感，营造良好氛围；建立单元意识，形成单元教学的闭环
约6分钟	导入文本	教师范读，提问：作者所描述的豪猪具有什么特征？	圈画、思考	让学生带着问题安静地聆听和思考，帮助学生尽快走入文本，同时调动学生思维
约25分钟	讨论交流	1. 组织学生讨论豪猪的特征。 2. 师生共同交流（学生自由发言，教师根据实际情况进行点评）。 3. 板书顺序按照学生回答酌情改动	讨论、交流	尽量依据学生的答案来组织教学，让学生浸润在文字中，感受作者对豪猪的精细刻画
约5分钟	深究品味	问：作者喜欢豪猪这样的生活方式吗？找出依据	交流，各抒己见	帮助学生仔细阅读文本，从文本出发，突破疑难，深化对文章主题的理解
约1分钟	点拨感悟	问：假如豪猪的这些特征出现到人身上，同学们怎么看？	思考、感悟	这是一个认知的跨越，从文本字面走入文本内核，感知作者真正想要表达的文章主旨

《大战风车》

【教学目标】

1. 理清情节，分析人物，感受语言文字中所表现出来的作者对堂吉诃德的看法。

2. 以文本为向导，引导学生进一步了解作者对当时社会盛行的"骑士小说"的讽刺以及作品所具备的现实意义。

【制定依据】

七年级的学生对于塞万提斯的小说接触不多，而且又是跨校执教，师生彼此不熟，既需要快速拉近距离，又需要快速走入文本，难度是可想而知的。所以，我采用师生一起梳理情节的教学方式。另外，学生对外国文学作品及本文的创作背景也不是非常了解，所以我设置了一个教学过程，让学生进入文本，感受人物形象，跟着语言文字进入到文本深处，感情悟理。

【教学过程】

《大战风车》的教学过程，见下表。

时间	教学环节	教师活动	学生活动	设计意图
约26分钟	导入文本	教师提问： 堂吉诃德的"诃"字怎么读？ 小说概要： 你在文章中读到了什么	用心倾听，思考问题，圈画、思考	帮助学生尽快走入文本，同时调动学生思维
	讨论交流	组织学生讨论堂吉诃德和桑丘的人物形象，理清情节（堂吉诃德的两次战斗）。 师生共同交流（学生自由发言，教师进行点评）	讨论、交流、感悟	走入文本之后，让学生浸润在文字中，感受作者对人物的精细刻画
约10分钟	深究品味	教师提问： 1. 堂吉诃德为什么会有这些可悲又可笑的举动？ 2. 你心目中的骑士是怎样的？ 3. 堂吉诃德的认识正确吗？	交流，各抒己见	从理解到分析，是认知上的突破，可以深化学生对文章主题的理解
约4分钟	点拨感悟	教师提问： 我们从堂吉诃德身上认识了什么？ 作者介绍	思考、感悟	由课本到生活，联系实际，感情悟理
	布置作业	1. 课外阅读《堂吉诃德》完成一篇读后感。 2. 读书摘录，准备课堂交流	阅读、写作	以课堂教学带动学生课外名著的阅读

《穷人》

——寻找"主动"突破口，厘清事件的意义

【教学目标】

1. 把握概括事件的方法，找准记叙文学习的切入口。

2. 以问题链提升学生思维的连贯性，构建一类文本的学习方法。

3. 通过文本分析，让学生读懂桑娜夫妇宁可自己吃苦也要帮助他人的精神品质。

【教学重难点】

重点：以"主动"为切入口，逐步感受人物的精神品质。

难点：找到"主动"这个突破口，推动学习进程，感悟人物精神。

【课前预习】

学生借助课文下的注解和词典自行疏通字词，熟读文本。

【教学过程】

教学核心是读懂桑娜夫妇宁可自己吃苦也要帮助他人的精神品质。

（一）快速阅读课文

学生快速阅读课文，梳理情节，概括故事内容：一个寒风呼啸的夜晚，桑娜夫妻主动收养已故邻居西蒙的两个孤儿。（"主动"一般情况下是学生概括的难点，却是人物精神显现的核心点。）

仔细默读课文，在空缺处填入恰当的词语并在文中找到依据。

（1）面对死去的西蒙身边的两个孩子，桑娜_____（"不假思索""毫不犹豫""毅然""近乎本能"等都可以）地用头巾裹住睡着的孩子，把他们抱回家里。

（2）听到西蒙去世的消息，渔夫_____（主动）提出收养这两个孩子。（至此，"主动"一词可以填入）

① 根据桑娜抱回孩子之后的表现来探寻人物心理，分析人物形象。

"她的心跳得很厉害，自己也不知道为什么要这样做，但是觉得非这样做不可。"

"她忐忑不安地想：……"

② 揣摩渔夫语言，分析渔夫的人物形象。

"渔夫皱起眉，……"

（二）寻找词语

他们的这种主动行为是在什么样的情况下发生的？请同学们找出能够反映桑娜夫妇生活状况的词句。

（1）渔夫的妻子桑娜坐在火炉旁补一张破帆。

（2）古老的钟发哑地敲了十下，十一下……

（3）丈夫不顾惜身体，冒着寒冷和风暴出去打鱼（展开环境描写教学，学生圈画描写环境的句子并体会）。

（4）……她自己也从早到晚地干活，还只能勉强填饱肚子。

（5）孩子们没有鞋穿，不论冬夏都光着脚跑来跑去；吃的是黑面包，菜只有鱼。

（结合课堂学生的生成进行具体的内容分析）

概括：在生活条件如此艰难的情况下，收养西蒙的两个孩子，其精神更加可贵！

（三）圈画细节体现

在如此困难的条件之下，桑娜夫妇有着这样的表现，文本中有一些细节体现他们的"主动"，请在书中圈画出来。

（1）地扫得干干净净……闪闪发亮。拉着白色帐子……安静地睡着。

（2）桑娜想起了傍晚就想去探望的那个生病的女邻居。

（四）师生共同总结

（1）概括事件，注意寻找能够表现人物精神的核心点。

（2）从细节处着手读懂人物，真实、有生活气息。

（3）将人物置于矛盾冲突中来刻画人物。

收"录"之声

写作，盛放自心底的花朵

——金山区图书馆写作教学讲座实录

我们谈写作，牵涉两个问题：写什么？怎么写？

道理上应该先说"写什么"，但是我想反其道而行之，先说说"怎么写"。为什么呢？因为在座的每个人内心想写的东西是不一样的，但是有一样是相同的，就是怎么写才能吸引人，才能"我手写我心"。

一、开头

一篇文章通常由三个部分组成：开头、中间、结尾。先说说开头。老师经常说有一个好的开头，文章就已经成功了一半，但老师还说文无定法，那到底该怎么办呢？（PPT出示香樟树的图片）这是一棵香樟树，它的外形如何？高大茂盛。数量，一棵；位置，在公园绿地的中央；看看细节，粗大苍劲的树干，枝叶向四周伸展。由此，我们得到一句话："在公园绿地的中央，有一棵高大茂盛的香樟树，它有着粗大苍劲的树干，向四周伸展的枝叶。"粗大苍劲、高大茂盛能说明什么？说明这棵树历史悠久，历尽沧桑。再看图片，香樟树的绿意向四周伸展着、伸展着，缕缕清香似乎随着枝叶向四周发散，引得人们驻足流连。

我们把这段文字再复述一遍："在公园绿地的中央，有一棵高大茂盛的香樟树，它有着粗大苍劲的树干，向四周伸展的枝叶。这棵历尽沧桑的百年古树——香樟树，它的清幽常引人驻足。"

我们看一下这句话的构成：位置+数量+外形+对象+局部细节描写+由对象到人的精神的联想。这就是仿照秦文君的一篇美文《一个走运的人》的开头而写的一段文字。我们不妨也来试试？

"在通往校园的小径旁，一株虬枝盘曲、蜿蜒而上的蜡梅树，傲然挺立的枝干，细细的花蕊努力伸展着，积雪下红红的花瓣分外夺目，在冬日寒雪下勃发着生命的壮丽，芬芳浓郁，香气四溢……"

这样的开头用在哪里？用在表现人物在困境中遇挫不馁，凭借自身的努力或在他人的帮助下重新勃发生命的精彩的文章中。

我们再来看看语文书上记叙类的文本的经典开头。我相信老师们在上课的时候一定对这些开头做了非常精细的分析，他们的角度是解读文本，而我们的角度是解构文本，为我所用，学会迁移。迁移与应用是非常重要的学习能力，但是在以往的教学中经常被忽略。写作文本身是一种创造，是"无中生有"的事情，是非常有难度的事情，让学生一上来就写确实有困难，教师不妨给他们设置一个台阶，把书本知识迁移一下，让他们形成一些自我认知和体验，然后再进行从无到有的创作，写出有个性、有见解、有文采、有成就感的文章来。

一元八角七。全都在这儿了，其中六角是一分一分的铜板。这些分分钱是杂货店老板、菜贩子和肉店老板那儿软硬兼施地一分两分地扣下来的，直弄得自己羞愧难当，深感这种掂斤播两的交易实在丢人现眼。德拉反复数了三次，

还是一元八角七，而第二天就是圣诞节了。（重复）

——欧·亨利《贤人的礼物》

甲板上，四位音乐家仍然在演奏着，曼妙的音乐伴随着宁静的夜以及四周惊惶奔突的人群，成为一组极为特殊的生命交响曲。（对比）

——舒特斯曼《沉船之前》

"那只羚羊哪儿去啦？"妈妈突然问我。（直接切入造成矛盾冲突）

——张之路《羚羊木雕》

母校的门口是一条笔直的柏油马路，两旁凤凰木交错成荫。夏天，海风捎下许多花瓣，让人不忍一步步踩下。我的中学时代就是笼在这一片花雨红殷殷的梦中。

我哭过、恼过，在学校的合唱队领唱过，在恶作剧之后笑得喘不过气来。等我进入中年回想这种种，却有一件小事，像一只小铃，轻轻然而分外清晰地在记忆中摇响。（"小事""分外清晰"，对比）

——舒婷《在那颗星子下》

1870年3月17日夜晚，哈尔威船长照例走着从南安普敦到格西恩岛这条航线。大海上夜色正浓，大雾弥漫。船长站在舰桥上，小心翼翼地驾驶着他的"诺曼底"号。乘客们都进入了梦乡。（类比）

——雨果《"诺曼底"号遇难记》

假如学生从预备年级开始就有意识地进行自我训练，不需要到初二，就能妙笔生花写出一个与众不同的开头，为文章增光添彩。

二、中间

掌握方法后，文章开头好像也没那么难写了，那么事情经过呢？

方法是一样的，我们来看看我们语文书上的经典。莫顿·亨特的《走一步再走一步》中，爸爸指导"我"从悬崖上下来的片段，勾勒出一个睿智从容的父亲形象。同样，我们来梳理一下这段文本，看看它由哪些内容组成。

（"我"的动作语言+爸爸的动作语言+"我"的感受、旁白）

（一）"我"的动作语言

"我不行，我会掉下去的！我会摔死的！"我大哭着说。……"不，我不行！太远了，太困难了！我做不到！"我怒吼着。……我慢慢挪动了一下。"看到了。"我回答。……

这看起来我能做到。我往后移动了一下，用左脚小心翼翼地感觉着岩石，然后找到了……我照做了……再一次，我做到了……突然，我向下迈出了最后一步，然后踩到了底部凌乱的岩石，扑进了爸爸强壮的臂弯里。

（二）爸爸的语言动作

爸爸远远地站在悬崖脚下，这样才能看见我。他用手电筒照着我，然后喊道："现在，下来。"他用非常正常的、安慰的口吻说道："要吃晚饭了。"……"你能爬上去，你就能下来，我会给你照亮。"

"听我说，"爸爸继续说，"不要想有多远，有多困难，你需要想的是迈一小步，这个你能做到。看着手电光指的地方，看到那块石头没有？"……"看到了吗？"他大声问道。……"好的，现在转过身去，然后用左脚踩住那块石头。这就是你要做的。它就在你下面一点儿。你能做到。不要担心接下来的事情，也不要往下看，先走好第一步。相信我。"……"很好。"爸爸喊道，"现在，往右边下面一点儿，那儿有另外一个落脚点，就几英寸远。移动你的右脚，慢慢地往下。这就是你要做的。只想着接下来的这步，不要想别的。"……"好了，现在松开左手，然后抓住后面的小树干，就在边上，看我手电照的地方，这就是你要做的。"

（三）"我"的感受

就这样，一次一步，一次换一个地方落脚，按照他说的往下爬，爸爸强调每次我只需要做一个简单的动作，从来不让我有机会停下来思考下面的路还很长，他一直在告诉我，接下来要做的事情我能做。……我有了一种巨大的成就感和类似骄傲的感觉。

我把这三个方面提取出来，互相对应的部分用省略号填充。我们写作中遇到的一个最大的问题，就是在写事件的时候总是从一个角度、一个视点，一口气往下写，不明白任何事件的发生发展都是立体的，而且我们往往仅从自己的角度去叙述事情，而没有想到以别人的视角，从不同的角度穿插着去叙述。不断地变换视角去推进叙述是非常重要的，可以让文章立体起来。这种写法好比摄像机的镜头，在展开事件的时候从不同角度捕捉不同人物的表现。当然这里还有一个语言的基本功的问题，与开头的语言一样，是需要积累的。

那么这样的名家名篇，我们该如何来学习呢？

（1）厘清事件前后顺序、安排好人物言行顺序。

（2）将写作内容情景化，脑海中有人物言行的画面。

（3）调动一切储存在大脑中的语汇信息，不够就借用电脑、词典。

大家要说，这是名家名篇，我们这样去安排，有这么好的效果吗？下面请大家来看看我的学生的作文片段：

……推开院门，老人的眼中现出惊喜，没有过多的话语，只是将我搂在怀里，整理着我被风吹乱的发丝，这种感觉，是依赖！

抬头看看，发现老人再没有了从前的精神，眼边的皱纹也愈发多了，佝偻的背诉说着她的辛劳，衣裳也还是打补丁的。"您干吗不买点儿新衣服？""买这干啥，净糟蹋钱！"老人脸上没有一丝委屈与苦涩，"别在外面站着，快进来！"看着老人弓着背缓缓带着我往里走，我的泪流过脸颊，模糊了视线……

一进门，老人便在厨房忙开了，我站在门口，那个大灶是我童年的记忆，不知怎的，再好的厨具也没这几块铁皮来得好用。和面、擀皮、包馅，没错，这就是我一心念着的饺子。老人从未停下手上的活，搬来木柴，点燃灶膛，当火完全生起来时已喘着大气，我想走上前帮忙，她却摆摆手，示意我不要过去。她的所有的动作都十分娴熟，只是有些吃力，我看着她的脸被层层水汽蒙住，汗珠从额头上落下。忽的，老人顿了下，找了个椅子坐下，揉着自己的双腿，转眼看到我还在那里，又换上一脸笑容："别站着，饺子一会儿就好，你去坐着。"自我小时她就有腿病，严重的时候连走路都困难。我不想让她担心，便往回走了几步，当我回头时，看见的却是老人忍受疼痛的模样，她双手握着的是一碗冒着热气的饺子，我轻轻说了句："饺子……出锅了……"老人笑了，我的泪却悄然而下。

同样的，我用记号标注了三个组成部分。

下划线标注的是"我"和"老人"的视角；加点标注的是"我"的行为和想法：

建议：同学们在写作完成初稿之后，用三种颜色的记号笔或者思维导图来标注全文的三个分支，在每一个分支上标注语言、动作、肖像等，对于围绕中心表达不充分的地方，想方设法去丰满、充实它。这样，文章主体部分的细节落实应该是没有问题的。

接下去该说说文章的结尾了，就好像开头一样，文章结尾的形式并不重要，但是在结尾中提炼文章意义却是非常重要的。

三、审题

在说结尾之前，我们有必要说说审题，因为它是大方向，是文章的命脉。我们要审清题干信息，找准题眼和限制。

下面以这次期中考试，金山区的三个年级的作文题来说。

（一）预备年级

"童年笨事"："童年"和"事"分别是时间和范围上的限定；"笨"是题眼，何谓"笨"，是愚蠢、懵懂、认知不足，还是理解力不够，可得要审清楚了。

（二）初一年级

"这真是美的享受"：关键词，也就是题眼是"美"，我们的传统文化对于美的界定是真与善、正能量，这样联想，文章的主题就心里有数了。

（三）初二年级

"特别的味道"：要展现中学生对正能量的认知，如苦里面品出甜来，困难中努力看到进步等。

为什么要审题？因为文章的开头、中间、结尾都要围绕着中心展开，这是毋庸置疑的。所有的作文主题都应尽量与正能量、积极向上等中心思想相关联。下面我们来看这样一篇文章。

心坎里抹不掉的陈山楂

我从小偏爱甜食，身边当然不会缺少糖，然而我始终找不到有什么糖可以代替记忆中那种抹不掉的香甜。

小时候，每次到外婆家，我最喜欢做的便是在树林里寻找山楂果儿。树林里的枯枝很多，枯枝后面常常是红艳艳的陈山楂。采摘时虽然手臂常常被树枝划出几道口子，却始终无法让我放弃。伙伴们喜欢捡地上那种熟透了的，薄薄的果皮微微皱起了的，因为那样的果儿不苦，而我却喜欢把手伸进枯枝的最深处，摘那些陈山楂，因为那样的果儿才甜、才苦。

我并不是喜欢尝这苦味，而是外婆的手能把这苦味变得分外香甜。我看过外婆炒山楂，她先用刀片把果皮刮掉，然后小心地去籽，再把山楂放在蜜里泡上一会儿就可以炒了。炒山楂的时候要放糖水，直到糖水变成糖浆，就可以吃了。那大概是我最开心的时刻了吧。神奇的灶台把苦涩的陈山楂变得香甜，伴着蜜的滋润和外婆的爱，我的童年愈发香甜，留下的印记也愈发深刻。

长大之后回去的次数就越来越少了，也很久没吃到陈山楂了。外婆有次来看我时带了陈山楂，我却在无意中发现了外婆皱纹满布的手上有着一条条口子。我知道,她是在林子里,树枝之间给我带来的这香甜。外婆说:"陈山楂少了,不好找啊。"外婆笑着,我却哭了。陈山楂的味道没变,我知道,外婆的爱也没变。

外婆去世的那天,我又回到了外婆的小屋,一样的摆设,只是灶台上已布满了灰,轻抚着外婆曾用过的一件件器具,我恍然大悟,原来在很久以前,外婆就教会了我人生的道理,人生不就像陈山楂一样吗?在枝丫的最深处发光,总要受点儿伤,才能显露那鲜艳,也正是有了爱的浸泡,才让我们感觉愈发香甜。

现在我已经找不到这种味道了,没有爱的浸泡,那香甜已经消逝,但那记忆里的味道早已在我心里扎了根。

记忆里的味道是什么呢?陈山楂的味道、外婆的爱的味道、悟出的道理(真理)的味道,我想都是。这样的文章有物、有人、有事、有情、有理,这种结构是不容易构建的,虽然略显稚嫩,但是未来可期。

四、分析标题

回到讲座的主题上来,写作必须源自内心、源自自身的积累。这种积累有写作知识上的,也有写作素材上的,刚才我们讲了写作的方法,接下来我们看看写作素材的积累。

(一)"盛":源自丰厚的积累

文字丰厚、心灵丰厚,是写作的根本,只有好的文字功底加上作者的真情实感才能写出好的文章,才能让读者产生共鸣。正如莎士比亚所说的,"一千个读者眼中就会有一千个哈姆雷特",好的文章可以让每一位读者通过文字看到自己的内心世界。

(二)"心底":心底的颜色就是文章的色彩

这是指一个人对知识、对生活的兼收并蓄,对人、对事、对待生活的态度。一个人笔下流淌出来的文字就是其思想底色，所以青少年每时每刻都要提醒自己对生活有一个正确的认识，进行正能量的表达，练习次数多了，写作时所表达的生活态度自然就积极向上了。

（三）"花朵"：内容美、形式美、意蕴美

内容美指写作的素材不但要积极向上，而且最好是独属于写作者自己的；形式美指从文本分段开始到语言文字，都能够呈现出美好的状态，文字如音乐一样具有流动感；意蕴美指文章呈现出来的，读者能感知的文本的整体美。

五、构建底色有路径

（一）铢积寸累，笔耕不辍

亲子阅读，夯实底蕴；增加话题，正面导向；阅读内化，向阳而生；身体力行，笔下润泽。每次写作之后，都要检查自己的用词是否准确，是否能够真实地反映自己的想法，发现比较消极的地方，马上修改，争取每一笔记录的都是生活中的美好。

（二）目标阅读，精泛结合

带着问题阅读、带着任务阅读，也可以在写作之前，带着目标进行阅读。从素材的选择、建构到写作方法都可以借鉴看到的美文；在表达的时候，找不到合适的方法，就带着问题在阅读中寻找答案。

（三）热爱生活，积累素材

平时准备一本作文本，取名"天天写"，随身带着，可以记自己有感悟的事情，也可以记同伴身上的故事，还可以记书上看到的故事，让它成为自己写作的百宝箱。

《再塑生命的人》教学实录

【课前准备】

学生自读课文。

【教学实录】

师：我们学哪篇课文？

生（齐）：《再塑生命的人》。（学生看着黑板）

师：请同学们想想，读一篇记叙文一般要解决哪三个问题。

生1：第一点是"写什么"。（师板书）

师：第二点和第三点呢？

生（齐）："怎么写""为什么写"。（师板书）

师：我们先看第一点"写什么"。从标题切入，看看这个标题。

生（齐）："再塑生命的人"。

师：再塑生命的人是谁？

生（齐）：安妮·莎莉文。

师：那么被再塑生命的人是谁？

生（齐）：海伦·凯勒。

师：仔细读标题，同学们还有什么疑问吗？

生1：为什么海伦·凯勒的生命需要再塑？

生2：怎么再塑？再塑的结果是什么？

师：非常好！默读课文，解决第一个问题：海伦的生命为何要再塑？

生2：因为她是盲人。

师：从哪里看出来的？

生2：从注解里找到的。

师：你关注了注解，非常好！文本中哪里可以看出来海伦的生命需要再塑？

生3：第6自然段的第2行。

师：还有吗？

生4："光明！光明！快给我光明！"

师：这是第4自然段的内容。除了第4段，还有第几段？

生4（思考）：第3段。

师：一起朗读第3、4段，思考为什么海伦·凯勒的生命需要再塑。

（学生齐读）

师：哪个同学可以回答？

生5：第4自然段，"朋友，你可曾在茫茫大雾中航行过"。

师：这句话中哪个词是关键词？

生5："茫茫大雾"。

师：还有吗？

生5：还有"我正像大雾中的航船"。

师：已经出现两个"大雾"了，还有吗？自然中的雾，能让你看不清前路，那文中的"雾"指什么呢？

生（齐）：指她是盲人。

师：对于海伦·凯勒来说，她的生理缺陷是客观上的困难。同学们再来看一看，她自己的感受如何。

生（齐）："愤怒""疲倦""神情紧张""心怦怦直跳"。

师：好，她的表现呢？

生（齐）："心里无声地呼喊"。

师：这些就是她的主观表现。正因为处在这样的情况下，所以她的生命需要再塑。请接着默读，看看她是怎样再塑的，说说你是从哪里看出来的。

生6："启示世间的真理""给我深切的爱"。

师：同学们知道他在读哪一句吗？是第5段的最后一句。请同学们在文中找出这两点的具体表现：安妮·莎莉文是如何用爱来重塑海伦·凯勒的，是如何让海伦·凯勒懂得真理的。

生7："一个陌生人握住了我的手，把我紧紧地抱在怀中"。

师：嗯，还有吗？

生8：第6自然段，"第二天早晨，莎莉文老师带我到她的房间，给了我一个洋娃娃"。这一段全部都是。

师：还有吗？可以补充。

生9：第8自然段，"有一天，莎莉文小姐给我一个更大的新洋娃娃，同时也把原来那个布娃娃拿来放在我的膝上，然后在我手上拼写'doll'这个词"，用意在于告诉"我"这个大的布娃娃和小布娃娃一样都叫作"doll"。

师：综合这两位同学的回答，就是莎莉文老师给"我"布娃娃，然后教会"我"拼写单词"doll"。非常好，表扬。还有吗？

（学生朗读第10自然段）

师：好，我们齐读第一句话，说说你觉得莎莉文老师是怎样塑造海伦·凯勒的。

生（齐读）："可是，一个陌生人握住了我的手，把我紧紧地抱在怀中"。

生11：我觉得老师用一种很吸引人的方式塑造海伦·凯勒。

师：这个方式为什么吸引人呢？依据是什么？请从这句话里找。

生11："紧紧""握""抱"。

师："握""抱"都是什么词？

生（齐）：动词。

师：这些动词传递出了什么？让我们看到了什么？我听到有同学已经说出来了，一起说。

生（齐）：爱。

师：莎莉文老师用她的动作传递了爱。再来读第二句。

生（齐读）："莎利文小姐拉起'我'的手，在手掌上慢慢地拼写'doll'这个词，这个举动让'我'对手指游戏产生了兴趣，并且模仿她在手上画画。"

师：从这里你能读出来什么吗？

生（齐）：老师吸引"我"学习。

师：老师吸引"我"学习，让"我"怎么样？

生（齐）：这个举动让"我"对文字产生了兴趣。

师：请同学们看看，这句话中哪个词让你特别有感觉。

生12："慢慢"。

师：请你说说为什么。

生12：可以感觉老师在慢慢地教"我"写字。

师："慢慢"这个词让你感受到什么？

生12：感受到老师的细心。

师：嗯。还有没有其他同学补充？

（学生思考）

师：那你们觉得当时"我"知不知道老师在教"我"写字？

生（齐）：不知道，"我"以为是手指游戏。

师："我"在做手指游戏，在这个过程中老师慢慢地教"我"写字，培养"我"的兴趣。有没有比"细心"更好的词？

生（齐）：耐心。

师：对！接下来，同学们看一下第三处。如果我们也用几个字概括，你想要用的词是什么？

生（齐）：流动。

师：什么流动？

生（齐）：水流动。

师：把"我"的手放到水流下面去感受，这叫什么？

生（齐）：感受水流动。

师：老师给同学们一个词——"体验水流"。一个盲聋哑的孩子，从来没有经历过学习，她学东西会怎样？

生（齐）：会很困难，因为她不能够像我们一样用眼睛看、用耳朵听、用嘴说，不能和老师直接交流。

师：说得真棒！那莎莉文老师如何帮她来克服这种困难呢？一个是用手指做游戏来培养她的兴趣，另一个是让她体验水流的感觉，让她知道什么叫"water"，也就是说，莎莉文老师是不是找到了一个教育海伦的一个……

生（齐）：方法。

师：对，教学需要找到一个切入口。我们刚刚解决了"怎么塑造的"，接下来我们来研究塑造的结果。莎莉文老师的行为带来的结果是？

生13："水唤醒了我的灵魂"。

师：很好，把这句话读一下。

生（齐读）："水唤醒了我的灵魂，并给予我光明、希望、快乐和自由。"

师：还有没有？

生14："世间万物都有自己的名字，是在老师教了我几个星期以后，我才领悟到的。"

生15："啊！世界上还有比我更幸福的孩子吗？"

生16："心中充满了喜悦，企盼着新的一天快些来到。"

师：还有吗？再往前找一找，第6段里有吗？

生（齐）："我自豪极了"。

师：第7段有吗？

生（齐）："我才领悟"。

师：很好，同学们看一看文中有没有一句话能够把再塑的结果完全概括。找得到吗？这个问题有点儿难，找错没关系。

生17：在第1自然段。

师：第1段哪句话？

生17："回想此前和此后截然不同的生活，我不能不感激万分。"

师：核心词是什么？

生17："感激万分"。

师："感激万分"是海伦·凯勒生命被再塑的结果吗？

生18：我觉得是第11自然段，"给予我光明、希望、快乐和自由"。

师："世界万物都有自己的名字"，这是在莎莉文老师的引导下，"我"感悟到的。莎莉文老师让"我"体验了水流，又唤醒了"我"的灵魂，给予"我"光明、希望、快乐、自由。因为莎莉文老师这样的教育方式，"我"求知的欲望被激活，使"我"明白了宇宙万物都是有名称的，每个名称都能启发"我"的新思想。所以怎么样？

生19：让"我"明白世间的真理。

师：所以再塑的结果是什么？我们把它改成主动句，第一点是"明白真理"，还有呢？

生（齐）：感受关爱。

师："我心中充满了喜悦，企盼着新的一天快些来到。啊！世界上还有比我更幸福的孩子吗"这一句话是作者感受到的……

生（齐）：关爱。

师：我们刚刚探究了"写什么"，接下来再来探究"怎么写"。请同学们再次默读课文，看看文章是按照什么顺序写的。有人已经脱口而出了，我们一起说。

生（齐）：时间顺序。

师：那请同学们找出所有标志时间的词，我们按顺序来说。

生（齐）："那天下午""下午的阳光""第二天早晨""有一天""这天上午"。

师：还有吗？第2自然段的"那天下午"，翻过来的第6段的"第二天早晨"，第7段里也有一个。

生（齐）："从此以后"。

师：第8段，"有一天"，第9段，"这天上午"。还有吗？13段里，"那一天"。还有吗？

生20："记得那个美好的夜晚"。

师：对，但是"记得"这两个字不要加进去。这些是分别出现在各个段落里的时间词，我们来概括一下"那天下午"到"第二天早上"之前发生了什么事。

生（齐）：莎莉文老师来到"我"家。

师：对，莎莉文老师来到了"我"的身边。接下来在第二个时间点，"第二天早晨"，莎莉文老师做了什么？

生（齐）：教"我"拼写"doll"。

师：还有吗？从此以后呢？

生（齐）：从此以后，用这种不求甚解的方式，"我"学会了拼写"针"（pin）、"杯子"（cup）、"坐"（sit）、"站"（stand）、"行"（walk）这些词。

师：把这些概括一下。

生21：拼写了词语。

师：对，很好！拼写了更多的词，继续。从此以后，莎莉文老师给了"我"一个更大的"doll"，让我明白了什么？

生（齐）：大娃娃、小娃娃都是娃娃。

师：娃娃不论大小都叫"doll"。很好，继续，这天上午，莎莉文老师教"我"……

生（齐）：教我"杯"和"水"。

师：前面加个动词。

生（齐）：教我认识并懂得"杯子"和"水"的区别。

师：第12、13自然段中，那一天，莎莉文老师……

生（齐）：教会"我"不少的新词。

师：那天晚上……

生（齐）："我独自躺在床上，心中充满了喜悦，企盼着新的一天快些来到。啊！世界上还有比我更幸福的孩子吗？"

师：为你们点赞。我们按照时间顺序，一步一步梳理文章。我们现在的任务是把这些概括成一句话。

生22：学词。

师：学词。学词是具体的，"我"学会了"doll"，"我"学会了"水"和"杯子"的区别。而且除了学词之外，"我"还明白了很多道理。那么这些道理是从哪里得来的？

生（齐）：莎莉文老师教"我"的。

师：这些词是语言，对不对？语言既可以让"我"了解具象的东西，比如水、杯子，又可以让"我"懂得道理，那么，"我"明白了语言的什么？

生（齐）：奥秘。

师：这是"我"自己明白的吗？

生（齐）：不是。在莎莉文老师的教导下，"我"理解了语言文字的奥秘。

师："我"开心吗？

生（齐）：开心。

师：很开心，并为此感到幸福。我们把它连起来读一遍。

生（齐）："我在莎莉文老师的教育下，理解了语言文字的奥秘，并为之感到幸福"。

师：我们按照时间顺序，梳理了事件，关注了事件中人物的表现。除此之外，我们刚才在课文中圈画"再塑结果"的句子，同学们看看，这些句子有什么特点？

生：这些句子都是海伦的感觉。

师：对，我们还可以关注叙事中穿插的"我的感受"。我们解决了"写什么""怎么写"最后要解决"为什么写"。

生（齐）：想要表达对莎莉文老师的敬意。

师：好，我们来探究莎莉文老师的人物形象，你在莎莉文老师身上看到了什么？

生（齐）：耐心、负责、关心。

生23：温柔。

生24：幸福。

生25：负责、伟大。

师：有看过《假如给我三天光明》的同学吗？海伦·凯勒是个盲聋哑的孩子，还要学东西，非常不容易对不对？作为一位老师，要去教她是很困难的。在这样的情况下，安妮·莎莉文老师没有放弃，坚持了下去，然后她找到了方法。

生（齐）：手指游戏、体验水流。

师：你们觉得安妮·莎莉文老师怎么样？

生26：聪明。

师：聪明，从方向上来说是正确的。

生（齐）：聪慧、聪明、智慧。

师：都往聪明这个方向靠了，非常好。莎莉文是一位老师，一位老师教得非常聪明，我们称她为……

生27：教育有方。

师：有道理，同学们能理解那个"慧"字吗？组个词，聪慧。所以，爱心、耐心、慧心。如果你们一定要写聪慧也可以。我们感受到了莎莉文老师的形象，非常不容易啊！那作者只是想要表达莎莉文老师具有爱心、耐心、慧心吗？那作者想要表达的是什么？刚才你们已经说了，继续说。

生（齐）：对老师的敬爱、尊敬。

生28：感激。

师：对，我们感受到了作者对莎莉文老师的敬爱和感激之情，领会了莎莉文老师隽永深沉的爱心和高超的教育艺术。上面的"教育艺术"可以用黑板上的哪个词语替换？

生（齐）："慧心"。

师（总结）：对，我们读出了她的爱心、耐心和慧心。我们又按照"写了什么—怎么写—为什么写"的顺序来学习了《再塑生命的人》，希望同学们能够掌握这样的学习方法。

师：其实在这篇文章中，我们除了能够感受到安妮·莎莉文老师的智慧、爱、耐心之外，我们还能够看到海伦·凯勒自身的努力。安妮·莎莉文老师，是指南针，也是探测仪，拨开迷雾，再塑海伦生命，值得我们永远敬佩！最后我们布置一下作业，抄写词语表内的词语两遍，完成语文练习部分。同学们，下课！

"心里美滋滋的"写作教学指导

【课前准备】

学生完成作文"心里美滋滋的"。

【教学实录】

（一）"美滋滋"的事

起：公益宣传有序乘车。

承：紧张、胆怯，自信心受挫。

转：回想先期准备，壮胆开始—事件有波澜—无声鼓励，重塑自信—娴熟地宣传，自豪感顿生。

合：快乐喜悦涌上心头。

（二）"美滋滋"的情

起："心里依旧温暖自豪，着实美滋滋的。"

承："……却暖不到我的心里。"

转："我就像吃到了蜂蜜的小熊，心里泛起了甜，顿时获得了自信。……点亮我发自内心的笑容，也照到了我的心底，点题词句贯穿全文，给予我无形的支持。心里甜美更甚、笑靥如花、脸庞上的笑容久久不褪色。"

合："自豪自信喜悦快乐灌溉在心里，美滋滋的。"

（三）美滋滋的景

（1）阳光和煦……

（2）阳光温柔地洒下来……景物描写串联成线。

（3）阳光下晕出柔和的光。

（4）阳光正好。

（四）作文点评要求

1. 一级目标

（1）文从字顺。

（2）事件清晰、明确、集中。

（3）多描写、少叙述。

2. 二级目标

（1）事件有起伏。

（2）穿插环境描写。

（3）结尾最好有哲理。

（4）文章要有双线。

3. 选取要求

（1）优秀。

（2）典型的优点（某一方面）。

（3）典型的不足（某一方面）。

4. 优秀范文范围

（1）点面结合的。

（2）有小标题的。

（3）两件事详略处理得当的。

（4）倒叙的。

"说明文要点概括"网络教学实录

同学们，我们讲解的内容是中考现代文阅读复习中的"说明文要点概括"。

什么是要点呢？就是文章的主要内容、重要内容。说明文要点的概括也就是对于说明文的主要内容或重要内容的概括。

2014年《上海市初中毕业学业考试手册》要求能概括文章要点和主旨，对说明文来说，也就是概括要点。

下面我们再来看看这类题目在中考中的呈现。

2009年中考：说明文语段"城市景观花卉装饰"。

本文围绕城市景观花卉装饰介绍的内容有：

① 城市景观花卉装饰发展的原因。

② _____。

③ _____。

④ _____。

2007年中考：说明文语段"中国瓷器"。

从全文看，中国瓷器令人叹为观止的原因是：

① _____。

② _____。

③ _____。

下面我们以"城市景观花卉装饰"为例，来看看如何解答这一类题目。

请同学们在听讲下面的内容之前，先仔细阅读语段"城市景观花卉装饰"。

第一步：读清问题要求，梳理题干信息

从说明文语段"城市景观花卉装饰"来看，这道题目要求围绕的说明对象是城市景观花卉装饰。题干中还提供了这样的信息："城市景观花卉装饰发展的原因"。这个信息能告诉我们什么呢？我们应该明确文章中有一个段落是与这个内容对应的。

看来，我们在题干中梳理到的信息有：

（1）我们明确了问题的对象是城市景观花卉装饰。

（2）我们明确了答案与这篇说明文的内容有关。

（3）我们找到了隐含的信息：给定的第1选项内容有对应的段落，那么其他的段落和答案的2、3、4点之间也存在着对应关系。

（4）答案在形式上可以参照给定的内容。

在审题的时候，我们要注意学会把题干中一眼就能看到的信息和隐含在题干中的信息读明白、审清楚。这就是读清问题要求，梳理题干信息。

第二步：找准对应段落，概括段落中心

请同学们阅读第1自然段。

这个段落的第一句话是重要标志。这告诉我们城市景观花卉装饰与城市、与社会文明发展的关系，它已经逐渐成为评价一座城市的文明程度和综合素质的重要标志，也就是说，城市景观花卉装饰是一座城市文明发展的需要；"城市居民普遍生活在钢筋水泥的森林里，常常感到压抑，从而有一种内在的返璞归真的需求"，这句应该是讲城市景观花卉装饰是人们内心的需求；"而花卉正可以美化环境，陶冶性情，丰富人们的精神生活"，这句是告诉我们花卉本身具有的作用。在阐述这三个原因之后，最后一句话，"所以，花卉装饰作为城市园林造景的主体，备受人们的关注和喜爱，正在得到快速发展，为城市生活创造更加优美的环境",请同学们关注"所以"这个词,可以看出这句话是对这段内容的总结。将上述三个原因的内容归并之后,我们自然就可以明白这个段落正是告诉我们城市景观花卉装饰发展的原因。

这是概括段落中心的一个办法:将相同意思的句子归并之后,根据内容来总结。

下面我们来看第2自然段。

我们先通读整个段落,有一个大概的了解,"城市景观花卉按气候分为热带花卉、副热带花卉、暖温带花卉、冷温带花卉四种;按形态分为草本花卉和木本花卉两种",然后寻找到这样的句式,"按……分为……四种;按……分为……两种",自然而然我们就能推断出,此段说的是"种类"的概念。

"用于花卉装饰的材料主要是盆栽花卉和鲜切花。它们凝聚着大自然的精华,姿态优美,形色各异,用来装饰室内外环境,其效果是其他任何装饰材料所不能替代的。"在这个段落中,我们可以发现"材料""主要""其他……不能替代",借助这些关键词,我们也可以看出它是围绕着花卉装饰的主要材料来写的。

解读这两个段落,我们采用的办法是圈画关键词或关键句,我们看看下面的段落,可不可以也这样来做呢?

第4自然段只有一句话,中心也容易明确:城市景观花卉装饰的设计原则。

我们来阅读第5自然段,请同学们关注"庆典场所""展览馆或阅览室""陵园"等词。这是3个不同的场所,它们对花卉装饰分别有怎样的要求呢?庆典场所的花卉花期不需要太长,但要花大色艳、富丽华贵,达到的效果是色彩艳丽热烈;展览馆或阅览室的花卉要求是花期持久且淡雅朴素,达到的效果是使环境静谧;陵园要选用常青简素的花卉,达到的效果是庄严肃穆。结合上述分析,我们自然就关注到了这个段落的第一句话,这些要求、效果是

"就花卉装饰的实用角度而言"。这个段落就告诉我们从实用的角度来说,不同场所对花卉装饰有不同要求,要达到不同的效果。另外请同学们关注句子的标点符号,两个分号在提示我们这个段落是从3个方面来展开的。

分析完了第5自然段,我们可以发现文章的第6、7自然段的段首句和第5自然段的段首句在形式上非常相近。"从所需装饰布置的环境特点看""从欣赏的角度来说",这就意味着文章的第5、6、7自然段是从3个不同的方面来说明同一个内容。

我们阅读第6自然段,这个段落选择了一个环境——广场的入口及建筑的周围,提出了布置的要求——花材要与环境的色彩、光线的强弱、陈设布局等相适应,然后根据要求,提出了3种布置的方法,请同学们关注"可用、也可用、还可用"这几个词,其实就是从环境特点的角度讲如何进行花卉装饰,也就是这样的场所花卉装饰的原则。同时请同学们关注两个分号,它们将3种方法分割开了。

第7自然段,同学们看看根据老师的标注,能不能读懂呢?

解读第7自然段:观花类、观叶类、观果类这3种花材和插花和盆景的不同艺术造型带给人们的观赏效果不同,观花类使人感觉温暖、热情、兴奋;观叶类使人感觉宁静、娴雅、清爽;观果类给人一种丰收的喜悦;插花和盆景使人赏心悦目。这也是进行花卉装饰设计的时候应该遵循的原则。

在这里,我们总结概括段落中心的第3种方法:寻找段落中心句。请同学们关注画线句,"从欣赏的角度来说,不同的花材和不同的艺术造型具有不同的观赏效果",这句话就是这个段落的中心句。

再请同学们注意分号。大家千万不要小看分号,它在内容上把一个问题的几个方面分清楚,在形式上提醒并引导我们有效分解段落内容,对我们理解文章非常有帮助。

第8自然段,"花卉装饰日益成为喜庆迎送、社交活动、生活起居和工作环境的必需。花卉装饰使城市生活更美好",我们通过阅读可以得知,此段讲述花卉装饰的意义,是对全文的总结。

根据前面的分析,我们对概括段落大意的方法进行一下小结:

（1）归并意思相同的句子后组句。

（2）圈画关键词或关键句。

（3）寻找段落中心句。

这样,我们就能给文章的每个段落安一个家了。显而易见,题干给定的答案对应的是文章的第1段,而文章的第5、6、7自然段分别是从不同的方面说明我们在进行花卉装饰的时候应该遵循的原则,所以是一个整体,这样,文章的第2、3自然段分别对应题干的②、③两个空行。

文章分析好了之后,我们来看看在书写答案的时候应该注意什么。

第三步：利用相关信息，准确规范表达

从题干出发,说明对象是"城市景观花卉装饰",要求回答的是"内容",所以答案是说明对象+说明内容。

同学们在回答这类题目的时候,千万不能偷懒不写说明对象,而直接写说明内容,这样答案的指向性就不明确了。加上说明对象,这样的答案才是完整的、准确的。

下面,我们归纳一下做这种题目的方法。

第一步：读清问题要求,梳理题干信息。

第二步：找准对应段落,概括段落中心。

第三步：利用相关信息,准确规范表达。

在听完"城市景观花卉装饰"这个语段的分析之后,同学们需要将刚才所学内容进行消化,然后用2007年的中考说明文阅读语段"中国瓷器"来进行训练。相信大家循着方法,一定会有收获。

祝同学们中考取得好成绩!

"记叙文中的人物形象评价题"网课实录

一、模拟卷中出现过的范例

教师出示中考记叙文人物形象评价题。

二、考试提问的形式

（1）直接提问：×××是什么样的人。

（2）在第一问的基础上，做简要分析。

（3）根据文本内容或画线句来判断，然后做简要分析。

三、回答这一类题目的关键

（1）从人物描写中去判断。

（2）从人物处理问题的态度或方法去判断。

（3）在文章中直接找作者的看法。

例1. 文中的母亲是众多优秀母亲的代表。文中的母亲具有怎样的性格特点？请分别举例分析（不少于三点）。（9分）

——2015届中考考前演练C卷

答题步骤一：找出文中对于母亲的直接描写。

（1）母亲接过鱼，刮鳞、剔鳃、破肚，整条的鱼被分成小块，娴熟而又忙乱。

（2）鱼熟了，母亲只吃鱼汤泡饭。

（3）她拨开我们几个孩子贪婪的交叉着的筷子，……温暖的鱼，让瞎老爷爷冰冷的小屋同样获得了温度。

答题步骤二：对人物分析之后评价。

分析（1）："刮鳞""剔鳃""破肚"，3个动宾词语，简洁而内在丰富，把母亲动作的娴熟表现得淋漓尽致，由此我们看到了母亲的勤劳、能干。

人物评价：勤劳、能干。

分析（2）：鱼熟了，满锅飘香，母亲却只吃了鱼汤泡饭，这是为什么呢？因为母亲心里有儿女，有生活不能自理的瞎老爷爷，却唯独没有她自己。这叫什么？叫忘我，叫克己。

人物评价：忘我克己。

分析（3）：母亲自己没有吃，也没有先给自己的孩子吃，她最先想到的是孤寡老人，我们从中能看到什么呢？我们看到了一颗善良的金子般的心，有这样的爱心是多么难能可贵啊！

人物评价：善良、有爱心。

例2. 从第1自然段画线句"看到母亲的项链丢了，李姨也没再戴"可以看出李姨是个怎样的人？请做简要分析。

——2015届一模崇明卷

先做判断，学生很容易可以看出李姨为他人着想的品质，进而推断出她心地善良。再做分析，把得出结论背后的道理讲清楚，母亲的项链丢了，李姨考虑母亲的感受，为避免母亲伤心，便不再戴项链。

四、方法归纳

（1）审清题干要求。

（2）寻找对应的句子、段落。

（3）分析句子、段落，从具体表现中抽象出人物品质。

（4）依据人物品质，结合文本，围绕题干要求展开分析。

（5）组织句子，回答问题。

五、作业

（1）文中的父亲是个怎样的人？请简要分析。（6分）

——2015届考前演练A卷

（2）文中A、B、C三处句子（见画波浪线的句子），既刻画了父亲的形象，同时也写出了"我"在不同阶段对父爱的认识，请简要分析。（6分）

——2015届二模金山卷

"说明文段落的作用"网络教学实录

这节课的重点在于解决如下问题。

（1）《考试手册》中关于现代文阅读能力，有这样一个考点：能分析段落的作用。根据已有的经验，请你回忆一下常见的题型有哪些。

题型1：直接问某一段在文中的作用。

题型2：所给的段落应放在文中哪一位置，理由是什么。

以上题型涉及说明文的段落归位问题，是当下考试中的重要题型。大家应从阅读理解出发，梳理清楚文章思路，在此基础上按照思维路径进行解答。

我们着重复习题型2。

（2）请阅读《死海不死》中的这段文字。

传说大约两千年前，罗马统帅狄杜进兵耶路撒冷，攻到死海岸边，下令处决俘虏来的奴隶。奴隶们被投入死海，并没有沉到水里淹死，却被波浪送回岸边。狄杜勃然大怒，再次下令将俘虏扔进海里，但是奴隶们依旧安然无恙。狄杜大惊失色，以为奴隶们受神灵保佑，屡淹不死，只好下令将他们全部释放。

这段文字在文中最恰当的位置是（　　），请说说理由。

A. 第1自然段之前

B. 第1、2自然段之间

C. 第2、3自然段之间

D. 第3自然段之后

分析：要想知道这段文字放在文章中的哪个位置，首先，要知道这段文字写了什么内容——这段文字引用了罗马统帅狄杜想要淹死被俘奴隶而未得逞的传说，说明了死海浮力很大；其次，再概括选项中出现的段落的内容——第3自然段文字说明了死海浮力很大的原因；然后，再判断这段文字和其中的哪些段落关系最密切——这段文字引出了第3自然段的说明内容；最后，形成文字，明确答案为C。

理由：这段文字引用了罗马统帅狄杜想要淹死被俘奴隶而未得逞的传说，说明了死海浮力很大；而第3自然段文字说明了死海浮力很大的原因。这段文字引出了第3自然段的说明内容，因此应放在第2、3自然段之间。

（3）根据这一题目的分析，我们可以总结出回答这一类问题的方法。

① 概括所给语段的内容。

② 概括相关段落的内容。

③ 判断所给语段与相关段落的关系。

（4）让我们根据这一方法完成下一题。

死海是怎样形成的呢？请先听一个古老的传说吧。远古时候，这儿原来是一片大陆。村里男子们有一种恶习，先知鲁特劝他们改邪归正，但他们拒绝悔改。上帝决定惩罚他们，便暗中谕告鲁特，叫他携带家眷在某年某月某日离开村庄，并且告诫他离开村庄以后，不管身后发生多么重大的事故，都不准回过头去看。鲁特按照规定的时间离开了村庄，走了没多远，他的妻子因为好奇，偷偷地回过头去望了一眼。哎哟，转瞬之间，好端端的村庄塌陷了，出现在她眼前的是一片汪洋大海，这就是死海。她因为违背上帝的告诫，立即变成了石人，日日夜夜望着死海。上帝惩罚那些执迷不悟的人们：让他们既没有淡水喝，也没有淡水种庄稼。

上面这段文字在文中最恰当的位置是（   ），请说说理由。

A. 第2、3自然段之间　　　　　　B. 第3、4自然段之间

C. 第4、5自然段之间   D. 第5、6自然段之间

理由是：_____

_____

_____

_____。

答案：B

理由：这段文字主要写了死海形成的古老传说，而第4自然段主要说明了死海形成的自然原因，所给段落与第4自然段开头紧密联系，所以应放在第3、4自然段之间。

同学们可以根据所给示例的答案来倒推答题的步骤，看看这样的思考方法可不可以解决在这一类问题上遇到的困难。

（5）实战演练。

中华艺术馆开馆展览由"海上生明月——中国近现代美术的起源""来自世界的祝贺——国际美术珍品展"等五个部分组成，多媒体版《清明上河图》和原"国之瑰宝"等高质量作品的专题展厅都将保留。

上面这段文字在文中最恰当的位置是（   ），请说说理由。

A. 第2、3自然段之间   B. 第3、4自然段之间

C. 第4、5自然段之间   D. 第5、6自然段之间

理由：_____

_____

_____

_____

_____。

——金山区2012学年第一学期初三语文期中测试卷

答案：C

理由：《世博建筑变身文化新地标》这篇文章，先介绍了两馆的改建、两馆的展品，最后介绍了展馆藏品；3个部分内容都分别先介绍中华艺术馆，后介绍上海当代艺术博物馆。本段介绍了中华艺术馆开馆展览的作品。第5自然段说"两大重量级新馆的开幕都以高质量展品来说话"，因此这段文字与第5自然段的内容相照应，应放在第4、5自然段之间。

在同一类题目的解析过程中，应学会寻找共性，形成自己的认知，再辅助以训练。

"标题的含义和作用"教学实录

同学们，我们一起来探讨一下中考语文的一个内容——记叙文的标题（出示第一张PPT）。历年来，中考中的记叙文都是叙事性非常强的，或许我们能在标题中看出一些端倪，帮助我们理解文章内容。

一、标题的考试题型

首先，我们来看看关于标题的考试题型：

（1）文章的标题有什么含义？

（2）文章的标题有什么作用？

（3）文章的标题好在哪里？

（4）这样命题有什么用意？

（5）为文章拟一个标题。

这些考题看上去问法不一，但它们答题的方法是否相同呢？或者说它们有什么规律可循呢？

二、标题的构成

（一）名称

（1）"凡卡""我的叔叔于勒"这两个标题是由什么构成的？（人名）

（2）"小巷深处""从百草园到三味书屋"这两个标题是由什么构成的？（地名）

（3）"羚羊木雕""一千张糖纸""七根火柴"这3个标题是由什么构成的？（物名）

（4）"二十年后""沉船之前"这两个标题是由什么构成的？（时间）

以上这些我们可以统称为：名称。

（二）名称+事件

"竞选州长""窃读记""走一步，再走一步""最后一课"这4个标题都是由什么构成的？（事件）

"'诺曼底'号遇难记""表哥驾到"这两个标题是由什么构成的？（"'诺曼底'号遇难记"由物名+事件构成；"表哥驾到"由人物+事件构成）

（三）修辞

看看下面这个题目有什么特点。

"爸爸的花儿落了"运用了什么修辞？比喻。我们看看本体和喻体是什么？

本体是院子里的夹竹桃凋零了，比喻爸爸去世了。

（四）中心

再来看看这3个题目："智取生辰纲""最美的善举""贤人的礼物"。

从题目中的关键词"智""美""善""贤"，可以看出文章的特点。

三、分析标题

好的，在明确了标题的构成之后，我们的问题讨论起来就方便了。

（一）第一种题目类型：文章的标题有什么含义

我们可以从这几个方面来考虑：

（1）表层含义：字面意思、文本内容。

（2）深层含义：引申义、指代义、比喻义。

（3）中心。

（4）修辞。

以"走一步，再走一步"为例：

表层含义是：_____

_____。

深层含义是：_____

_____。

以"爸爸的花儿落了"为例：

本体：_____

_____。

喻体：_____

_____。

（二）第二种题目类型：文章的标题有什么作用

标题的作用：

（1）线索：提示贯穿文章的线索

（2）人物：表明写作的对象（主要人物）

（3）内容：概括文章的主要内容

（4）中心：揭示文章的中心

（5）兴趣：修辞，增加阅读兴趣

（三）题目类型小结

那么，"文章的标题好在哪里""这样命题有什么用意"等题目，该如何思考呢？

任务：为文章拟一个标题。

从含义和作用两个方面去考虑。

可以从标题的构成的角度去考虑。

标题在文本中的重要作用是显而易见的。解构这样的题目，不仅能够让学生学会解答这一类题，更为重要的是能够促进学生对文本的理解，对于帮助学生提高文本阅读能力是非常有益的。

"评"花盛开

翻越藩篱，巧设路径

一、课程名称

《〈梦溪笔谈〉二则》研习课。

二、特征

深度学习的目标是培养高层次的思维能力。

三、内容

针对课堂学习目标达成上的困难，教师从姓名、年龄等比较简单的概念入手，用"四两拨千斤"的方法，让学生看一段课文以后，可以想一想关于人物基本信息的问题属于什么问题，答案就是所要确定的基本概念。以此让学生感受什么叫具体内容、什么叫基本概念，以此明确概括的意义。在此基础上，教师又从基本概念的限制成分（时间、地点、人物、事件、范围、数量、状态等情况）入手，以沈括的《〈梦溪笔谈〉二则》为学习材料，一步步教会学生概括文本内容。个人感觉这是一堂高质量的、培养高层次的思维能力的课堂教学实例。

四、分析

概括能力是中学生语文学习中非常重要，也非常欠缺的能力。从具象到抽象，从抽象到具象，向来是语文教学的难点。从具象到抽象，是高阶思维的培养。潘老师的做法让我想到了《基于深度学习的教学改进》一文中提到的美国七年级的一堂数学课。在那节课中，教师用自己的教学设计引导学生发现并归纳出数学表达式，从而提升学生的思维能力。潘老师从学困点（学生对《梦溪笔谈》中关于采草药的内容的概括出现困难和分歧，对于具象和抽象的认识不足）出发，传授基本方法，"看一段课文以后，可以想一想这属于什么问题，答案就是你所要确定的基本概念"，从自己的名字开始，让学生慢慢厘清"具体内容"和"基本概念"之间的关系，以"视力"与"视力下降情况"这两个概念为例，引出了概括的两个基本要素：概念和限制。

在此基础上，潘老师以《〈梦溪笔谈〉二则》为学习材料，指导学生撰写这两篇文章的内容提纲，可以说，这就是前一部分教学内容的实战演练，直接指向知识的迁移和运用。在这里，我们看到的是学生概括、动笔、表达，教师进行比较分析，学生自然地掌握了概括文段内容的基本方法。

深度学习对教师角色的定位是"帮学、促学、导学、评学"，这堂课就非常好地体现了教师的这几个功能定位：设立目标和教学情境，在学生遇到困难时给予方法指导，帮助学生"翻山越岭"，最后在学生自主学习，形成新知的时候，给予评价、指引、导向。

目标导引，关注体验

——"关注学习经历，提升语言素养"公开教学点评稿

备注：

这是一节区级公开课，执教者设置的核心问题是"课文作者记叙这段经历想要表达什么思想感情"，然后要求学生浏览课文，概括文章内容，以填空的形式梳理文本：升空时，因为＿＿＿＿＿＿＿＿＿＿＿＿＿＿＿，所以"我以为自己要牺牲了"；遨游在太空中，"我看到了"＿＿＿＿＿＿＿＿＿＿＿，我还听到了"＿＿＿＿＿＿＿＿"；归途中遭遇＿＿＿＿＿＿＿＿＿＿＿＿＿，如此惊心动魄。

梳理文本之后，再进行如下两个问题的讨论：

（1）太空一日，充满紧张和意外。细读课文，找找看，杨利伟遇到了哪些意外情况？他有怎样的心理活动或举动？

（2）小组讨论：如果把第一部分与第四部分的小标题调换一下，把第一个小标题改成"起飞如此惊心动魄"，第四个小标题改成"我以为自己要牺牲了"，可以吗？为什么？

我们教研的主题是"关注学习经历，提升语言素养"，我从教学内容角度，结合教研主题谈谈对这堂课的想法。

从教学内容出发，一节课的理想标准是什么呢？教师教的是语文的内容，想教的内容与实际教的内容一致；教学内容与语文课程目标一致；教学内容契合学生的实际需要。这是语文教学的前辈王荣生教授提出来的，我认为很有道理。

我们先来看看课程目标，课程目标在语文书上的直接反映就是单元目标，第六单元的单元目标在学习方法上重点学习浏览，扫视文段，迅速提取主要信息；在思想内容上，重点在于触摸探险者的精神世界，激发学生探索自然世界和科学领域的兴趣与想象力。

【教学目标】

1. 掌握浏览的阅读方法，借助各部分的小标题把握文章的主要内容，理清各部分之间的关系。

2. 体会作者探索太空的英雄气概、严谨务实的科学态度，感受作者对航天事业和祖国的热爱。

以上教学目标既有针对本单元的学习方法上的（掌握浏览的阅读方法），又有契合本课文的（借助小标题来把握文章的主要内容，理清各部分之间的关系）。这让我想起了这学期的第一课"邓稼先"的"空中课堂"的教学设计：借助小标题梳理各段落的内容，然后分析各部分之间的关系。这样的设计非常有效。

从思想内容上，同样的，这节课既兼顾了单元的教学目标（触摸探险者的精神世界，激发学生探索自然世界和科学领域的兴趣和想象力），又考虑到了这篇课文特有的爱国主义教育的成分，因为本单元另外的几篇课文，《伟大的悲剧》《带上她的眼睛》《河中石兽》这方面的因素都相对不足，所以要重点强调。与此同时，探索太空的英雄气概、严谨务实的科学态度也是航天人杨利伟的特质，所以，这堂课的教学目标的设置是非常相宜、适切的。

从上课的过程来看，核心问题的抛出，浏览课文、运用填空方式概括文章内容的做法，实则上就是学生运用"浏览"的方式来撷取文本主要信息的过程。从学生反映的效果来看，此方法应该是可取的。学习以浏览的方式阅读，提取主要信息，这个过程就是学生的学习经历，在此过程中学生有了语文学习体验，在这样的一次次的操作中，学生的语文素养在慢慢提升。

从课堂第二部分的具体讲解来看，执教者正是从语文学科特有的育人价值的角度——仔细研读文本，有内容地圈画，人物心理、举动的揣摩——来让学生产生从具体的字词到人物的心理、人物的精神的语文体验，这是我们语文课的育人价值的体现。看上去这两个问题的设置是几乎一样的，但是执教者的目的一目了然，就是提供给学生一类文本的阅读方式，包括作业的第一题，其目标都是非常明显的。这样的练习，让学生获得了反复的语文学习的体验。由此可见，这节课的教学内容与课程目标具有一致性。

教学内容是否契合学生的实际需求？这节课解决了学生学习这篇课文遇到的哪些困难呢？首先，学生很有可能把这篇文章当作一篇科幻小说，他们想知道杨利伟在太空经历了什么，"神舟"五号发射到底是怎么回事的，但他们缺少的是阅读这一类文本的语文体验，也就是从语文的角度，理解这篇文章到底要学什么。其次，学生难以在文中的具体描述与人物精神之间建立联系，也难以理解各小标题之间的关系，"第一、四部分的标题能否互换"是超出学生原有阅读能力的问题，应该可以带给学生思考。

这节课对这些问题都有涉及，从语文的角度解读了这篇文章，而且提供了概念和做法，这与我们2020年春天以来"空中课堂"的整体教学设计是一致的、相匹配的，也是贯彻了市教研室的学科教学指导性意见的。从现场学生的反应来看，对于文本具象的内容的寻找，学生是非常自信的，但是对于从具象到抽象的概括，学生有他们自己的困难，这当然与他们这个年龄阶段的认知水平、能力有关，这也正是我们学科教学需要认真对待的。人民教育家于漪老师

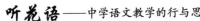

有这样的观点：语文教学应以思维训练为核心。用浏览的方式提取信息，品味人物心理和举动的细节，这样的过程就是思维训练的过程。这样的可行性操作关注学生的学习困难，帮助他们解决困难，在解决困难的过程中，提升他们的语文素养。

学中悟道，做中探路

——"共研项目化，赋能任务群"点评稿

备注：

这是一次项目化学习的实践展示和理论学习的教研活动，点评中的实际案例是一个主题为"来自'疫线'的博物馆"的项目化学习的市级案例。设计的驱动问题是"如果你是一名讲解员，将如何向来访者介绍抗疫志愿者的抗疫故事"；入项活动是学生以小组为单位，针对"建立一座博物馆必备要素有哪些"这个问题列出须知清单。写作目标：能够将自己的观察与思索用文字记录下来，用以支持自己的写作；能够通过撰写一件小事、一个展品，清楚地表达想法和情感。社会实践目标：能够口头讲述人物故事，提高在公开场合的表达能力。理论学习是若干青年教师的情景化教学、驱动问题、项目化学习的认识和感想。

本次活动让我感觉到"研究"这个词是具有青春活力的，是年轻的、鲜活的。我非常欣喜地看到新一代年轻教师呈现了这一代教师的新特征。一跨入教育岗位就表现出教学与科研并进的状态，这是非常好的势头，一边学习如何教学，一边学习如何科研，这些年轻人的未来是不可限量的。当然，这也有赖于现在的教育的顶层设计，上海市教委在2023年8月31日就在中新网发布了在上海

义务教育学校全面实施项目化学习，培养学生创造性解决问题的能力的通知。这是在前期试点基础上的全面铺开。这就好比2014年全面铺开的"大中小德育一体化"一样，是属于顶层设计，为我们开展教学和科研提供了一个很好的契机和平台。

我们研究如何在语文教学中，把学生、教材、教师、生活作为研究的对象。如果在研究方式上以项目化学习切入，就可以认定我们的活动也是一个项目化学习的开始，"共研项目化，赋能任务群"的主题得到了很好的体现。发言的教师分别从不同的角度诠释了自身对项目化学习的认识和理解——驱动型问题的构建，项目化学习在单元学习、在整本书阅读中的应用，情境化教学在自身教学中的实践，可以说是"兵马未动，粮草先行"，在学习理论、更新理念、统一认识的同时，每个人又有各自的学习重点，分工合作，交叉融合，这为后期的实践研究做好了铺垫。

整个项目组很好地形成了共研的氛围，教师们承担各自的任务。以项目化研究的方式将教学内容项目化，这样的方式让学生的语文学习走入一个全新的阶段，也让教师站在更高的位置上将自己的教学内容结构化，避免了零散的、不成体系的盲目"播种"。与此同时，这也是一种身体力行，在自身的项目研究过程中积累经验，所以这样的活动本身就是一个很好的开始。除了理论学习，当然也有已经开始的一些尝试，比如"来自'疫线'的博物馆"，就是一个写作教学的项目化实施的实践研究。其实它已经是一个比较成熟的项目化学习的实践探索，而且取得了不小的成绩。它的入项的驱动性问题是"如果你是一名博物馆讲解员，你将如何向来访者介绍抗疫志愿者的抗疫故事"，这个问题也是非常不错的，来自我们共同经历的那一段特殊的日子，来源于学生真切感受的生活，来自学习实践。用这样的问题驱动语文学习和关注生活，学生的身份发生了变化，不再等着接受知识，而在学习的参与、经历、体验中生发内在的认知，获得经验。这样能够激发学生的兴趣。从刚才的展示可以看出，该项目有非常清晰的语文学科的写作目标，对应的核心知识为部编版八年级上第一单元的"新闻采访"、第二单元的"学写人物传记"、第三单元的"撰写演讲稿"，一次项目化学习的设计同时落实了这些核心知识点，这比在教室里闭门造车要有用得多。更有来自不同行业、不同专长的教师型人才的加入，有教师、有医生、有警察、有街道工作人员，他们各自在不同的领域起到了指导、引领的作用，这已经不仅仅是跨学科，更是跨行业的教学。与此同时，我们可以看到上课的场景也随着活动的展开发生着变化，这无疑大大地激发了学生学习的兴趣。这也证明语文学习的外延和生活的外延是相等的。

下面谈谈个人对项目化学习的一点儿想法。

项目化学习是顶层设计，基层落地，落实学生全方位素质教育的抓手，应该是多学科融合的，设定驱动性问题，在一定情境中的合作式学习，也是一种带着目标的做中学。在学中做，可以帮助学生主动参与语文学习，更好地将语文学习的触角伸向更为广阔的知识领域，也让学生的学习方式更加多样化，在学和做的过程中自然生发学习创造性，在原有的学习预设下收获更优效果。虽然看上去结果是不可控的，但是可变的惊喜也随之产生，另外，它也是一种团队合作式学习，在学习过程中涉及方方面面的学能培育。

也可以说，这是将语文学习的主动权进一步还给学生的一种学习方式。将学生的语文学习融入生活，教学理念在一定程度上发生了根本性的变化，扩大了语文学习的天地，这与语文教学扎根课堂、深研教材、关注学情、精心设计，落实对学生的核心素养的培育和发展并不相悖。项目化是一个载体，其内核还是学生的听、说、读、写能力的综合培养，人际交往沟通是这些能力的外化。

本次活动只是一个开始，我们还可以更多地和其他学科的教师一起进行研究。上周我与我们学校的劳技老师探讨劳技课上的一个学生活动项目，我就说我们可以进行跨学科融合，课前我从语文学科写作的角度，指导学生写清楚制作某个工具的过程，这对应八年级下第二单元的写作教学要求；劳技老师可以在具体制作上进行指导，同学之间还可以形成团队，无论是制作还是写作都可以既分工又合作，这既有师生之间的教学相长，还有生生之间的帮助扶持。刚才的分享中，我们也感受到了跨学科的项目化学习对语文学习的支持。

　　在这个过程中，无论是教师还是学生，对于学习的期待和兴趣都可以得到提升，学生也不再仅仅是教学的受众，而是参与者，可以围绕目标，发挥主观能动性解决问题，而教师作为引领者、指导者，视野可以更开阔，站位也可以更高，真真正正地做学生语文学习的引路人。所以我相信借着这些年轻教师的智慧，我们在科研上一定可以走得更远，未来可期。

始于问题，促思提智

记得很久以前在教《谁是最可爱的人》一课时，有学生提问：为什么在第二个事例中具体写到"马玉祥"的真实姓名，而最后一个事例中"有一位战士"却没有真实姓名？最后一则事例按理说魏巍也应该知道那位战士的真实姓名，那么为什么不写出来？学生的这个问题是相当有水准的。这样的问题在教材和教参上都没有答案。我当时和学生一起研究这个问题，然后自认为机智地解读为："马玉祥救孩子"这样的事虽然每一位志愿军战士看到都会去做，但毕竟是个典型，而"防空洞谈苦乐"的战士的话反映的是当时全体的志愿军战士的共同心愿，前者是写作中的抓住典型，通过一个"点"来反映问题，而后者则是由"有一位战士"这样一个"面"来揭示一个共性的认识。当时，我还把这一问题演化为一个写作的指导，成了课堂教学的新资源。

然而，看了"老王"这节课的录像和评课之后，我心中又起疑惑：《老王》一文中，杨绛应该也知道老王姓甚名谁，为什么她不写明呢？经过一番思考和同窗学友的指点，我认为她压根就不必知道老王叫什么，因为这一称呼或许就是对其的尊重，在现实生活中，不也经常称呼一些恪守做人美德普通而平凡的人为"老×"吗？以老王的生活经历，这样称呼他，也许是作者对他的认可，或是对他的尊重。

这些问题或许源于学生，或许是教师自身的疑问，不管问题源于谁，我们

137

的学习就存在于师生共同解决问题的过程中。问题的探究过程比得到一个简单的结果更为有趣。

最近在教孟浩然的《望洞庭湖赠张丞相》，在备课的时候，我发现现行教参中对诗中"坐观垂钓者"这句话的解释为，"垂钓者指执政者，此句意为执政者如能礼贤下士，贤者自当为朝廷效力"。我的疑问又来了：无论过去或者现在，政治意义上的"执政者"应该都是"掌权者"，而非一般意义的"入仕者""做官者"，我认为孟浩然羡慕的应该是"入仕""做官"而非教参所说的"执政"；另外，我以为教参对整个句子的解读也有问题，这句话表现的是孟浩然对那些为国效力者的羡慕，从而表达出他迫切想要做官的愿望。当然教参的认识或许源于一个"坐"字，坐着的是自认为悠闲的无所事事，却不能够一试身手的孟浩然，所以我以为这个"坐"字还是在表明孟浩然的心迹。

由此我想到，语文学科问题教学的关键还是教师首先要有问题意识，用心去解读教材，而不是照搬照抄一些现成的答案，这样才能带动学生形成问题意识，既能够发现问题，还能够解决问题。

以上就是个人的一点儿心得。

读品悟思，德润心灵

——《七律·长征》示范课点评稿

备注：

这是一节入选2019年上海市中小学学科德育精品课程的示范课，执教者通过"说一说""读一读""看一看"的学习活动导入，使学生建立对长征的初步印象，拉近学生与文本的距离，为诗歌的深入理解做铺垫。执教者根据学生实际情况和课文特点，主要采用朗读体会法进行教学，即通过反复朗读，让学生读出诗的韵味，在读中理解诗意，在读中感受毛主席及其领导的中国工农红军大无畏的革命精神和英勇豪迈的气概，达到熟读成诵的效果；另外还利用创设情境法，将学生带入特定的历史背景中。执教者通过"从诗中你读到了哪些'难'，有多'难'""你还能从哪些字词感受到红军的'不怕难''只等闲'"等问题，聚焦于字词的品味，带领学生进一步感受长征精神，帮助学生解决核心问题。

大家好！《七律·长征》荡气回肠、感人肺腑，让我们沉浸在红军精神带来的感动中，这在学习"四史"和党的十九大精神的当下特别提精气神。下面我从三个方面来点评这节课。

一、读、品、悟一脉相连，铺设学科育人氛围

诗歌教学，读是首要的，只有不断地读，学生才能慢慢地入情入境，尤其是《七律·长征》这种承载着一代伟人的豪迈气概和伟大抱负的优秀诗篇更要读深、读透。执教者在设计课堂教学的时候，非常注重读的方法和层次，既有文本的朗读，又有意境想象阅读；既有学生集体朗读，又有学生个体朗读；既有诗歌的整体阅读，又有文本的细节精读；既有齐读、有散读，还有叠加式朗读。读到位了，再把文字拿出来品一品，品出其中的味道，学生才能感悟红军的精神。比如，在分析红军遭遇到的困难时，采用叠加式朗读，让学生在读的过程中品到了红军战士历经的艰难，在巨大的困难和"四两拨千斤"的"腾细浪""走泥丸"的对比中，学生能更加深切地体会到红军战士大无畏的精神和革命乐观主义精神，这样的叠加式朗读不断地把课堂气氛推向高潮。边读、边品、边悟，构建起美好的学习氛围，学生对于文本的精神核心的认知也随之往纵深迈进。

二、问题链构建教学路径，优化学科育人思维链

这节课的核心问题是这首诗表达了诗人怎样的情感。在这一核心问题的总领之下，设置了下列目标：①读懂"难"字设铺垫；②读懂红军行为悟精神；③展现背景视频明主旨。

核心问题的设置直接指向诗歌的精神实质，也展现了作者的写作目的，但预备年级的学生很难一步到位地感悟出来，而下位问题则从"难"—"不怕"—"暖"—"喜"进行铺垫，从最基本的文本内容理解入手，一路引领学生奔向对诗歌精神的领悟和感受。在这样的分析之后，小江老师适时地进行诗歌创作背景的介绍，进一步烘托了诗歌的氛围。这样的操作对于帮助学生读懂红军大无畏的革命精神和乐观主义精神，并内化为主观认知，构建起正确的世

界观和人生观都起到了非常重要的作用。这样的学习思维链的构建可以帮助学生举一反三，形成学习的"类"的概念，这也是市级"空中课堂"教学所提倡的。

三、多样化教学手段，推进育人育智深度融合

朗读是教学的铺垫，是悟情的基石，而句式训练是逻辑思维的训练，更是让学生感悟红军处境艰难的手段。在文本信息筛选和语言组织中使学生真切地感受到长征行程之远，持续时间之长，路途之坎坷，这样一来，红军战士的"不怕""只等闲"的精神内核也就自然而然地揭示出来了——不仅"不怕"而且还能感受到"暖"，体现了战胜困难后内心的喜悦之情。在这样的情感基调上，小江老师抓住朗读，不断地变换朗读的手段，让学生浸润在红军精神带来的感动中。此情可寄在长征，红军精神润我心。到了这里，介绍创作背景，让学生一边观看视频，一边思考本堂课的核心问题：这首诗要表达什么情感？这是在句式训练之后将学生情感推向更高层次的一招：学生顺着刚才的感情脉络、思维脉络，在震撼的画面冲击之下，自然而然就会被红军战士的大无畏的革命精神和乐观主义精神感动，为革命红军而自豪的情感油然而生。

构建"链条"，随文深入

——《橘逾淮为枳》精品课点评稿

备注：

这是一节入选2018年上海市中小学学科德育精品课程的示范课，核心问题：本文塑造了怎样的晏子形象？问题链：①晏子的身份是什么？面对什么样的情形？②晏子有什么样的表现？②作者为什么要详写第一部分的内容？这部分内容与重点部分内容之间构成了怎样的关系？④小结晏子的形象及本文塑造晏子形象的方法。

本课旨在让学生感受晏子善于辞令、机智爱国、有礼有节的使者形象。通过朗读品味文中人物的言行，体会古人的说话艺术，领略汉语的博大精深，激发学生的文化自信。

我从三个方面来点评这节课：目标达成、教学的过程、教学的特色。

一、目标达成

这节课设定的教学目标是以品析重点词句为抓手，感受人物形象，品味汉语文化，从而激发学生文化自信。从课堂的教学效果来说，目标的达成度是非常高的。

文以载道，篇幅短小的《橘逾淮为枳》，让我们在晏子的举重若轻中，感受到依托着厚重的文化底蕴所产生的文化自信。这与我们在党的十九大精神感召下，不忘初心，牢记育人使命，培养学生在文化底蕴支撑下的强烈的文化自信的目标是一致的。执教者牢记着语文教学的真正使命，从语文教学的一举一动出发，把文化自信的大主题在课堂中扎扎实实地落实下去。

二、教学过程

这节课安排了五个教学环节。

（1）依托史料，初识晏子。

（2）初读文本，整体感知。下设齐读、复述、梳理课文三个小环节。

（3）研读文本，读懂晏子。

核心问题：本文塑造了一个怎样的晏子形象？

三个分问题：晏子身份；面对情形；晏子表现。

（4）分析第一部分与第二部分之间的关系。

（5）总结人物形象及塑造方法。

整个教学过程在核心问题的统领下，循着问题链，从熟悉文本、走入字词句，到品析字里行间体现出的人物精神风貌，行云流水，一气呵成。教师的循循善诱，学生的愈探愈深，教师的适时点拨……无论是文中人物身上，还是课堂内的师生身上，都洋溢着浓浓的文化自信。

三、教学特色

（一）教学内容

1. 悟透字里行间的文化自信

"晏子将使楚"，一个"使"字，在师生的咀嚼中，品出了晏子的身份和肩负的重任；"晏婴，齐之习辞者也"一句中楚王对晏子的称呼——"晏婴"，和晏子的身份归属问题，让我们看到了强楚弱齐的外交氛围下，楚王的傲慢和晏子的举步维艰。这样的铺陈为学生对晏子这一人物的理解打下了一个很好的心理基础。

一个重磅的问题——"齐人固善盗乎"，显然是楚王蓄谋已久的"炸弹"，朱老师带领学生运用添字、减字的方法朗读、对比、分析，楚王欲辱晏子而后快的心理昭然若揭。

课堂教学到此，蓄势已足，静待晏子登场。

2. 品析言谈举止中传递的文化自信

着重分析晏子用"橘逾淮为枳"的故事反驳楚王的"齐人固善盗乎"，加深学生对于这样一位古今称道的外交家的认识。

"避席""婴闻之""得无楚之水土使民善盗耶""所以然者何"，让学生看到在楚王的威压下，晏子有礼有节、委婉而强硬地表达观点：生长于齐不盗，入楚则盗，是因为楚之水土使民善盗。而对一句"所以然者何"的分析，把学生带入了原因探究的阶段，厘清了这一段的文脉。晏子委婉的明知故问、有礼有节的"避席"、似是无据可查的听说，把楚王精心设计的这样一出闹剧，以牙还牙地还给了楚王。

淡然镇定的晏子，在双方的交锋中，在学生的讨论和回答中，在小朱老师的引导下，栩栩如生地出现在我们的面前。

语文教学，从文字进去，从情感中出来，形成于思想，扎根于学生的内心，构筑起学生成长行为中以文化为底蕴的自信。这样的晏子，显然是学生所推崇并膜拜的，文化的影响就这样在不知不觉中形成了。

（二）教学方法

1. 构建学习问题链，随文深入

这节课出示核心主问题"本文塑造了一个怎样的晏子形象"之后，设置了下位的问题链：①晏子的身份是什么？他面对什么样的情形？②晏子有什么样的表现？③作者为什么要详写第一部分的内容？这部分内容与重点部分内容之间构成了怎样的关系？④小结晏子的形象及本文塑造晏子形象的方法。而破解这些问题链的过程，恰是通过咬文嚼字的品析，推动着学生对晏子形象的认识不断深入的过程。

下位问题的设置，梯度清晰、层次分明，依着教学内容本身的逻辑性，帮助学生展开情节、分析人物形象，让学生从各个角度全方位地了解晏子这一人物，感受晏子的自尊、自强、自爱。看似不起眼的"使""晏婴""齐之""固"在朱老师娓娓道来的引导和分析中，为晏子面对楚王"泰山压顶"式的提问蓄足了势。这样的分析是层层推进的，依次从"身份—处境—表现—侧面烘托"进行展示，最后归结人物形象。这样丝丝入扣的引导，既抓住了这一篇文章人物形象分析的要害，同时还给学生以后学习这一类文本提供了范例。

2. 关注方法的归纳，授之以渔

在人物形象的分析上，这节课提供了一个梳理清晰的范本。在上位问题"塑造了一个怎样的晏子形象"的统领之下，从人物的身份、处境、表现入手，抓住正面描写和侧面烘托两个角度来分析人物形象。这样的方法不只这一篇课文可用，以此类推，无论是现代文还是文言文，只要是涉及人物形象的，我们就可以循着这一思路展开。学生由一篇而走向了一类的推演性学习，这一点是弥足珍贵的。与此同时，这样的问题梳理的方法也可以倒过来推动作文教学，因为阅读和写作本就是一个双向的过程，互为推动，互相帮助。当然，不同的文本，还可以有一些创造性的学方法。

3. 基于学习困难点，因势利导

问题设计的立足点在于教师对学生的了解。无论是对"晏子将使楚"中的"使"，"晏婴，齐之习辞者也"中的"晏婴""齐之"，还是"齐人固善盗乎"中"固"的把握，都是学生在前期走入文本之后感悟到的，但自身的认识和分析不到位。而后在教师带领下的分析，毫无疑问让学生对这些关键词语的认识上了一个台阶，也借由这些词语对人物身上的精神理解得更加透彻。

"使"交代了身份，这一点学生是能够感受到的，但是接着往下走，"使者"身份之后的职责、国家使命感和所面对的艰难，以及这一词语与后文楚王的处处刁难之间的呼应，对于烘托人物的重要性都是需要教师点拨的。后面的"晏婴""齐之""固"等词语的魅力的开掘也是同样的道理。

文化自信，既源于文本本身的学习，也浸润在师生学习行为的每一个细小的瞬间，而对于学生的影响是恒久的、深远的。

教无定法，法其宗理

——徐杰老师《我的叔叔于勒》课堂教学实录带来的思考

徐杰老师《我的叔叔于勒》课堂教学的六个问题：

（1）用一组数量短语来点明故事的相关要素，如一个家庭、一位叔叔……

（2）根据对故事的理解，在这三个数量短语的中心语前面，加上合适的修饰语，并说说加这个修饰语的理由。

屏幕显示：

一封（　　　）的来信

一次（　　　）的偶遇

一笔（　　　）的小费

（3）用"因为……所以……"的句式串联黑板上存在着因果关系的故事要素。如"因为于勒叔叔来了一封信，所以我们一家人都急切盼望他来"。

（4）思考讨论：这么多的因果关系中，哪处的语言描写最能表现人物的内心世界？

（5）面对穷困潦倒的于勒，菲利普夫妇避之唯恐不及，只有一个人例外。（生：若瑟夫。）对。请用"虽然……但是……"这样的句式对若瑟夫的行为进行概括或评价。

（6）在若瑟夫看来，亲情比金钱更可贵。大家设想一下，再过20年，若瑟夫会不会长成菲利普夫妇那样的人？

屏幕显示：

如果……那么，他会成为菲利普夫妇那样的人。

如果……那么，他不会成为菲利普夫妇那样的人。

看完徐杰老师《我的叔叔于勒》课堂的教学实录，我的感受很深。徐老师的六个教学环节像一根链条一样牵引在一起，都指向小说阅读的关键：情节、人物、主题。站在文本之外，直射文本核心，看似毫不相关的教学设计却在步步推进，长文本教学中最难的让学生快速熟悉课文的教学环节就这么顺理成章地完成了。到此还未完，徐老师运用关联词来引导学生进一步思考小说所具备的社会意义。这样的语言活动的设计，我感觉应该是有深度学习发生的。联想到邓彤老师几次讲座中谈到的活动设计的案例和深度学习的文章，以及曹刚老师讲座中提及的《我的伯父鲁迅先生》一文中满含逻辑推进的几组关联词的教学设计，于是我对活动设计和深度学习有了一些新的思考。

徐杰老师的这节课深度学习有没有发生？形成问题链的六个问题设计是不是符合小说阅读的规律？《我的叔叔于勒》这篇课文是不是初中学生接触的第一篇短篇小说？在教材中的地位如何？教材的编撰者将这篇课文放在这个年段的考量是什么？学生在这堂课有没有学到小说阅读的方法？这几个问题指向深度学习，这在郭华的论文《典型重演引领高度》中有阐述。

首先看看这篇课文在教材中的位置，以及编者想要达到的目的。统编教材从六年级到初三年级一共出现了四个小说单元（其他单元出现过《社戏》《最后一课》，但不是把小说阅读作为学习目标，这里我们不讨论），六年级第一学期，《桥》《穷人》《在柏林》；九年级第一学期，《故乡》《我的叔叔于勒》《智取生辰纲》《范进中举》；九年级第二学期，《孔乙己》《变色龙》。

六年级小说阅读的单元目标重点在于学会梳理主要情节，初步感知人物形象。

九年级第一学期的小说阅读单元目标是梳理小说情节，理解小说主题；古白话小说的单元目标是把握情节和结构，揣摩小说的语言。

九年级第二学期的小说阅读单元目标是把握小说的人物形象，对作品有自己的理解，学会欣赏小说。

从这三个单元的目标我们清晰地看到九年级第一学期是初中生学习小说的真正切入口，重点落在梳理小说情节，理解小说主题上。我们由此来反观徐杰老师这堂课的前三个问题的设置。

徐杰老师设计了三个语言活动，层层递进地带领学生在梳理清楚主要情节的同时，关注到几乎所有出现的信息，而且整理出这些信息之间的逻辑关系，把这篇小说中的所有要素统整在"钱""情""善"三个字上。课堂教学在"这么多的因果关系中，哪处的语言描写最能表现人物的内心世界"这一问题的带领下走向了人物形象的分析；学生在"大家设想一下，再过20年，若瑟夫会不会长成菲利普夫妇那样的人"这一问题的启发下开始对小说主题进行独立思考。

从以上分析可以看出，徐杰老师在设计教学途径的过程中时刻关注本单元的单元目标，也没有偏离小说阅读的基本路径。那么剩下就只有一个问题了，就是这样的教学设计是否符合九年级学生的学习水平或学习需求呢？九年级学生的小说阅读如果没有教师的指导的话，大部分还是局限于情节、人物，偶有对小说主题的涉及，独立思考则比较少。九年级的学生已经积累了一定的阅读量，而且也进入了发展逻辑思维能力、概括能力等的关键时期，是时候给予他们一定的方法指导了。由此可见，徐杰老师的这节课应该是符合这篇课文的教学目标的，在实施过程中，也能够培养学生的高端思维能力。

这节课堂实录可以说是徐杰老师创造性劳动带来的，是对小说教学的一个新的尝试，而且是卓有成效的。那么我们在其他文本的教学设计中，也一定要照顾到文本在教材中的地位、所教授学生的学情，努力开掘教师对文本的认知高度和深度。

以统编教材七年级上的第一篇课文《春》为例，暑假我们参与了区级的新教材培训，进行第一单元的教学设计。关照整个单元教学目标：学习朗读，品味文中的精彩语句，体会汉语之美，那么我们的教学设计也必然要围绕着这一目标展开，让学生通过教师精心设计的方式来进行美文美读，学习朗读中的重音和停连，在朗读分析中品味精彩语句，体会汉语之美。

第一，重音和停连是以前的教学中没有涉及的，那么我们可以让学生用重音和停连符号来标注，然后自读，检验这样的标注可以读出怎样的情感，传递出春天景色的哪一方面的特点。第二，同桌交流，互相评析达成共识。第三，四人小组再交流，看看能否达成共识。第四，与朗读录音比对、讨论、品析。第五，由迎春图、春草图、春花图、春风图、春雨图、活动图找到这篇文章的文眼"一年之计在于春"，感受作者的写作意图、文章的思想情感。作者用美的文字写出美的景色，传达积极向上的情感，汉字之美由此可见。

当然这只是一种设想，我期待有更好的设计。

总之，我觉得深度学习的发生基于以下几点：①教师本身的教学功底和对教材的深度钻研；②教学设计必然符合特定教学材料本身所具有的特性；③采用符合学生认知规律的学习方式；④深度学习是真正指向于人的创造性思维培养的学习方式。

深层解读，精准施策

——《雁》评课稿

备注：

这节课执教者带领学生品读文中描写大雁心理和动作等的高频率词句，让学生感受大雁对尊严的捍卫、对自由的渴求和对爱情的忠贞，帮助学生理解小说以悲剧收场的艺术效果，体会爱情、自由与尊严对生命的重要意义。

这是一堂很有冲击力的课，冲击着我们的灵魂，引发我们对生命的沉思。对于语文课程与教学来说，这节课也提出了在语文教学中就如何指导学生文本学习的问题，引起我们更多的思考。

一、文本解读：执教者对文本的深层解读

对于这篇课文的文本解读大多定位在对生命的尊重上，认为主旨在于批判人的生态意识，以及与动物和谐相处，这显然有悖于作者初衷。其实作者写《雁》，实际上是在阐释生命的价值和应有的生活态度。而这节课的执教者从梦想出发，到爱情、自由，再到尊严，对文本内容有其自身的理解和感悟。这样的教师个性化解读，为课堂教学的铺展奠定了一个坚实的基础。

在对文本形式的解读中，在情感的充沛表达中，执教者梳理出了"高频率

词（句）"这样的概念，并以此为抓手进行教学，这样的课堂教学是有创新，也有深度的。

二、课程实施：主题是学生文本学习策略指导

语文课堂教学到底应该用语文课程的文本，还是用语文教师的文本，这一问题至关重要。语文教师当然是教授语文课程的文本，所以在实施课程教学的时候必须以语文课程为本、为纲。这节课，正是在课程的导引下，首先从文本的特征出发，梳理小说的情节，然后以"高频率词（句）"为抓手，抓主角的动作、心理活动描写，解释其心理历程，表现其对自由的向往、对爱情的忠贞、对尊严的捍卫，引导学生学会在阅读小说的时候，寻找抓手，走入文本，感情悟理。

这堂课的另一个特色在于文章的分析和朗读相间。在分析中悟情、沉思，在朗读中推进情感演绎。在梳理雁的心路历程的过程中，不时穿插着朗读，而且在教师带领下的美读非常见成效。这样一篇让人愁肠百结的文章，在朗读中竟也弥漫着浓浓的温馨。这就是朗读的美，也是朗读的魅力。

教师以文本为抓手，以方法为策略，以课程为总纲来组织教学，使学生在语文学习活动中学有所获，并以自己所掌握的知识来解决生活中遇到的各种问题。这才是语文学习的本源。

最后我想说，这是一堂"语文味"十足的语文课，能够使学生从字词走入文本深处，体味作者的情思哲理。

胸有丘壑，设计无痕

　　语文课堂教学向来是见仁见智的。一节课的设计，既立足于教师对文本的把握，也基于学生既有的知识储备及阅读感受能力，同时还要看文本传达出了作者怎样的情感、思想。

　　《稀粥南北味》一文，作者有所选择地对不同地域、不同时期、不同生活状态下的粥的制作、喝粥的感受进行描绘，传达出"粥"所承载的情感。在看了几节课的教学录像之后，我有这样的一种感受：教师很想把自己对文本的理解传达给学生，同时希望学生能够跟着自己的思路走，最终完成一节圆满的语文课。

　　比如，徐汇区的金老师在上这节课时，提出了这样一个问题：作者对稀粥的描绘间接传达出了对于稀粥的喜爱，那么文中有没有直接表达作者对稀粥的喜爱的词或句子？第一个学生回答："第10段'我开始思念外婆的白米粥'中的'思念'一词可以表达作者的这种情感。"接着，第二个学生找到第16段："至今我依然崇敬小米粥。"于是教师就抓住"崇敬"一词：作者为何对小米粥情有独钟？因为金老师非常希望学生能够跟着她的思路走，让学生配合她完成这一节课。其实在文中，作者在描绘其他粥时也有直接表达喜欢的词，例如第19自然段对鱼生粥的描写，不但运用了对比，而且用了"独独忘不了"等。学生对文章中作者所传递出来的情感的认识是教师所期望的，而非个人阅读的体验和感悟，这样学生作为阅读主体的位置何在呢？

再比如嘉定区的杨老师讲授的这节课，在设计上是下了功夫的，无论是从古诗的切入还是在课题上做文章，都能够显现出教师的匠心。在对文题的讨论上，无论重音落在哪个词上，教师的目的都是让学生学会以文本为依据，走入文本。但是整节课下来感觉学生对文本沉浸还是不够，对作者字里行间所传递出来的对稀粥的情感的感受还是不够。这一点与松江区的徐老师的课堂相比，就略显不足。对于张抗抗这样一位细腻的女作家的作品，或许我们真应该像徐老师和他的学生那样，抓住关键句段字斟句酌地品一品，品出儿时白米粥中所蕴含的对生活的热爱；品出小米粥给予作者生活下去的勇气及对作者未来人生的影响；品出各种各样的粥带给作者的美的享受。但是杨老师并没有适时调整自己的教学思路，所以尽管学生的回答是踊跃的，但对文本的深入是不够的。值得一提的是，在最后教师花了10分钟的时间让学生讨论"稀粥会不会远去"。我以为这是教师设计好的一个问题，而这个问题或许没有必要花这么多的时间去讨论，因为预备年级的学生很难明白稀粥虽然是人们的生活中常见食物，却可以作为一种文化而被传承下去。学生能够理解作者对稀粥的不舍即可，多出来的时间可以让学生多读课文，进一步理解作者融于字里行间的情感。

"胸中有丘壑"，在学生需要帮助的时候，能用"四两拨千斤"的问题帮助他们拨开迷雾，是我们的不懈追求。

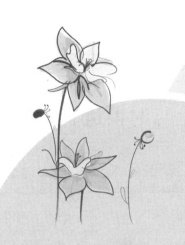

下 篇

倾听"读"语
获"言"之声

倾听"读"语

与时俱进，学法重构

——《重新想象学习——互联社会的学习变革》读后感

一、对待数字产品的态度

在大部分学校，校方、家长、学生之间围绕着手机、电脑展开了一场旷日持久的拉锯战，没有中间地带，只有"可以"和"不可以"，或者时间上的约束。"想要毁掉一个孩子只要给他一部手机"这样的论调普遍得到认可，学校明确规定手机不得带入校门，甚至可以说视数字产品为洪水猛兽，而成年人对手机、电脑的自控能力也着实令人担忧。从教育设计的层面上来说，虽然电子产品可以在课堂教学中使用，但并没有找到很好的突破口。我认为，数字产品的优越性与人们真实需求之间的矛盾日益突出。

二、对数字技术应用的描述

读完整本书，一个宏大的视角展现在我的面前。从加纳到阿联酋，从新加坡到约旦，从英国到卡塔尔，从黎巴嫩到美国，从巴西到中国、印度；从互联网技术的数字平台到衣不蔽体的贫困儿童，我看到了同一蓝天下的人们生存环境的差异，看到了不同生存环境下人们学习方式的差异，更看到了数字技术改变着人们的学习和生活方式。英国、美国、黎巴嫩等一些国家平板电脑进教室的做法或许值得我们借鉴，人们针对小学、初中、高中、大学不同年段进行研究，试图判断科技更新带来的变化的好坏。数字产品改变着人们的思维，改变着人们的学习方式，改变着人们的学习成果，与此同时，教师的角色也在发生着前所未有的变化。

三、读后感

无论是阅读前还是阅读后，我深信作者所探讨的一定不仅仅是数字技术平台与当前教学结合的问题，而是我们的学习如何适应不断变化、日新月异的现代科学技术，进而促进科学技术的进一步发展。本书的作者对于任何一个国家或地区的学校教育的探寻，都力求根植于当地的文化背景，也就是作者所说的"语境"；明确了数字技术是变革的催化剂，是手段，未来是我们创造的一切，而这一切都指向一个问题——我们教育的目的是什么，要培养怎样的人？

（1）要在未来的中国好好生活，需要批判性思维、创造性思维、前瞻性思维，协作力、想象力、创造力……因为未来要靠我们去创造。

转换教师的角色，鼓励学生自主探究，利用一切可能的平台让学生在学习中成长起来。现在我们付出多大的努力，做出多大的改变，未来就有多大的可能性。就语文学科而言，数字技术的深度融合还没有做得很好，那么接下来的问题就是数字技术如何为语文学科教学所用，以培育学生丰厚的文化底蕴。这是一个需要用创新思维解决的问题。在基础教育中，除了必要的传授和记忆之外，尽可能地让学生合作、自主探究，或许这是目前我们要做出的改变。同时，我们应开创出符合我们国家特色的数字产品，让数字产品帮助我们培养适合未来生存竞争需要的人。

（2）保有个体生命的价值和人类伟大理想之间的一致性，这样的命题很大、很高远，却是我们应该追求的。

有这样一个视频，讲述的是苏联著名宇航员弗拉迪米尔·科马洛夫上校在1967年4月23日为庆祝十月革命胜利50周年，乘坐"联盟1号"宇宙飞船发射升空。飞船在飞行途中故障频发，科马洛夫好不容易排除诸多技术故障，控制住飞船，返航时却怎么也打不开降落伞进行自救。在最后的2小时里，他镇定泰然地把这次飞行中的险情和故障情况向控制中心汇报，最后献出宝贵的生命。

看完以后，我回味久久，这种光芒独具的美好人性不是一朝一夕形成的，是和科马洛夫的文化背景有着密切关系的。

基础教育首先要解决的问题是在中国的社会主义土壤中将孩子们培养成在共产党的领导下的，有益于社会的，善良、正直、有技术的人才，至于需要怎样的数字技术平台，就要看我们营造怎样的文化背景了。我们的学校教育中大力提倡的"立德树人"就是我们的法宝，这是包括格雷厄姆在内的国外教育工作者看不懂的。当然，我们在这一块做得还不是非常理想，需要继续下大力气去改革。

对于一切有益于我们的教育教学的、先进的数字技术，以及助力人才培养的工程，我们都愿意诚恳地学习吸纳，为我所用，并矢志不渝地站在巨人的肩膀上进行创造。未来不是现在可以描摹的，因为它是基于努力创造的。

以生为本，深入浅出

——《统筹方法》研读后记

我学习了魏书生老师的教学实录《统筹方法》，仔细研读之后，感受到魏老师深厚的功底。他能够在钻研教材之后，走入文本，而后又能走出文本，站在文本之上，高屋建瓴地设计语文教学，既照顾到文本特有的质地（说明文），又能够把握住这个学生的年龄特征；他对文本的剪裁有自己的真知灼见，既有对知识点的学习，又能让学生动起来，在课堂内实践所学。

语文教学一定是这样设计的吗？我想大家都会说未必。那么我们现实中的说明文教学是如何开展的呢？我平时的做法应该与一些一线教师平时的做法大同小异。

从说明文学习的五要素入手：说明对象、对象具备的特征、说明的方法、说明的语言、说明的顺序。首先，让学生明白说明的对象（无论是事物说明文还是事理说明文），在此基础上概括归纳说明对象的特征，然后，分析作者运用的说明方法，再带领学生感悟说明文语言的准确性，看看文章的说明顺序，最后就是不断练习、加强记忆。

魏老师的教学，对于说明的对象、对象的特征、说明的方法等都有所涉及，而且让学生通过动脑、动笔来加强印象，与他的做法唯一的不同，就是

159

我没有不断地强调这些概念。

那么我们的说明文教学，到底要不要不断重复这些方法，让学生"概念先行，理解跟上"呢？还是让学生在不断操练的基础上自行感悟获得呢？我想，几乎所有的语文教育工作者都会说当然是魏老师这种春风化雨的方法要好得多。

但是，在语文教学的实际工作中，魏老师的课堂也许是个理想状态，实际操作起来确实有一定的困难。在我们的教学中，学生走出课堂之后很难再有时间来感受上课时的那一点儿"于我心有戚戚焉"，此其一。其二，于初中学生而言，他们的语文学习，最难的在于"由此及彼"的认识上的进步和上升。这种顿悟需要我们给学生架梯子、铺砖瓦，让他们一步一步往上，更何况学生的学习态度、知识基础等还各有不同。其三，学习说明文的目的还是在于看懂文章，学会写作与运用。像这一类样式清晰的文本，方法至上还是有一定道理的，所以在学习之后归纳一下方法比学一篇文章更重要。

一家之说吧！

优化教学，提升效益

多年来，各种的教参、教辅材料层出不穷，一线教师在参考、借鉴中逐渐丧失了对文本的个人阅读，更不要说个性化的品鉴了。所以在日常教学中，我强迫自己不看教参等教辅材料，自己钻研教材、做个性化的阅读，自行设计教案……独立文本阅读意识的培养很累，由于本人比较愚钝，所以进展甚慢，当然也小有收获，无形中，我的课堂成为我和学生的一块"自留地"，而非"公共绿地"。

"文以载道"，文本承载着作者的情感以及所要阐述的道理。在初一上学期的"敢为天下先"这一单元中，有曲志红的《永远执著的美丽》这样一篇课文。初一的学生对这篇通讯的阅读兴趣不大，因为他们不足以通过自身的研读感悟文中人物的大境界。于是在不断的朗读中，我告诉自己必须有一个既能吸引他们又能引领他们走入文本的问题，于是"美丽"就成了非常好的切入口。到底是一种怎样的"美丽"？是广泛意义上的美丽，是外表的美丽，还是内在的美丽？都不够完整。于是对"美丽"一词的理解的层次感就出来了。首先是大众理解的，流于表面的，外表的、形体的美丽，然后是袁隆平所看到的赏心悦目的、引人生发美好想象的美丽，接着是人物美丽的行为以及由此而产生的美丽的成果，然后归结为美好梦想。我们由此慢慢延伸到袁隆平在漫长的半个多世纪的梦想的追求中所表现出来的"大美"——为

161

了理想执著不懈、无怨无悔、无私奉献的忘我境界，而对于美丽的层次感的理解到位的同时，也解决了"执著"这个问题。这样的解读应该是到位的，但课堂教学的形式仍是一个难题。

解决这个问题的根本还是在朗读上，于是在教学文本的时候，我让学生将课文从头至尾读了四遍，因为一切理解的先决条件是对文本内容的熟悉。然后梳理文本的事件，循着袁隆平追梦的过程把他的"美丽"的行为整理出来，将他所取得的"美丽"的成果展现出来，将他"美丽"的梦想一步步揭示出来。用行为揭示人物内在品质，用成果彰显人物价值，用梦想串联起童稚与古稀的不变信念，最终让学生感受人物的大美。在教学中，我以朗读和感悟为抓手，使学生体悟到人物无论是在艰苦的科学研究中，还是在功成名就之后，都能够抱着一颗平常心不断实践、完善，达成他的"稻穗"梦想，这难道不正是一种"敢为天下先"的科研精神吗？当然所有一切的解读必须建立在初一学生的理解基础上，因为学习的主体是学生，教师对文本的解读也是为了学生的学习，而不是显示个人的阅读能力。如果说与教师个人的阅读能力有关，那也就是以教师的理解帮助学生理解。

我一向以为无论怎样的文本，作为初中阶段的语文课，在教学中必须引导学生关注文字，通过文字感悟文字背后的内容，所以朗读、感悟与表达的训练和培养是不可或缺的手段，所以在教学的设计上也非常注重这些方面。

见山登山，观海泛海，天光、云影入情入景，在阅读中让所有的美走入我们的视野，印入我们的心田，沁入学生语文学习的朝朝与夕夕。

契合生命，突破成长

——读《突破》后感

寒假在读《突破》这本书的时候，我想到的是语文学科如何突破现有的教学方式来惠及更多孩子；参加读书交流会的时候，醒悟到我们该如何改变培养人的方式；几个月过去了，我的脑海里映现出来的却是生命存在的状态：不断突破，生生不息。

一、语文学科现状带来的思考

"百年语文，内忧外患"，我们往往关注的是这句话的后半句，思忖着语文教学如何"内忧外患"，却很少有人关注"百年语文"，想着语文何止百年。其实"语文"作为一门学科存在还真的就是近百来年的事。19世纪之前的学校教育也好，私塾教学也好，怕是都没有"语文"一说，所以对于语文学科教学的摸索，远没有数学等其他学科成熟。语文课堂教学的效果因人而异或因学校而异，有些教师喜欢钻研，有些教师悟性较高，有些教师比较懈怠，有些教师刚刚踏上岗位。这就很有可能造成教学效果的差异，即便在同一个班级里，认知接近教师设计的教学目标的"最近发展区"的学生，学习效果好一些，反之则差一些。即便是有悟性的、肯钻研的教师可能也关注不到班级里的每一个学生。到现在为止，语文课堂教学改进也仅仅只是局部的、内在的、小范围的，而且也是举步维艰、鲜少变化。教学的设备越来越先进了，从电脑到视频投影到希沃白板，骨子里的教学理念还是没有太大的变化，教师充当的角色还是"布道者"，把本身所具有的知识传授给学生，这在媒介如此发达、接收信息如此迅捷的现代教学中显然是不行的。除此之外，不同的专家、不同的理念、不同的立足点就会产生不同的评价，没有设计稳定的、可供借鉴的标准和系统来支持。

二、《突破》一书带来的给养

这个寒假我所读到的《突破》一书，带给我如雷般的警示。该书志在寻求突破，希望在教学上能够趋向个人化、精确化（是在学校几十人课堂教学中实现个人化、精确化），以及寻求能够支持这两个目标达成的教师专业学习。该书阐述了实现这样的教学理想所需要的，数据驱动的、有针对性教学的策略，并指示出一条构建关键学习指导路径的专家系统，从顶层设计的角度来帮助教师实现教学上的改变。在关键学习指导路径的帮助下，重建课堂教学的教师角色，同时改变学习的方式，逐渐关注目的是使每一个个体有所得的小组合作学习。该书还指导性地阐述为了实现教学的个人化、精确化而实行的教学评价量化标准（数据驱动）的范例。

这本书是对现在的教育教学方式的冲击，书中专业的、可供参考的教学变革为读者提供了良好的突破示范，对一线教师来说，价值无疑是巨大的。该书又提供了可供借鉴的具体的范例，大到一定的区域内进行的教学变革，小到某一学科的（小学语文）教学方式改变的具体策略。与此同时，把学科教学本身固有的教学模式中相当薄弱的"评价"这一块提到了前所未有的高度，这也是该书的一个突破。

综上，《突破》一书对于学校教育既有理论上的指导，又有实践上的示范，而且还有来自各个地区的实验志愿者提供的，以详尽数据为依据的实验结果，弥足珍贵！

三、突破实践带来的感悟

回顾自己开展正在研究的项目——"整本书阅读与初中写作教学交融实施的实践研究"的初衷，正是想要突破原来初中语文教学目标不明确、费时费力而又效益不高的瓶颈，期望语文不仅仅围绕分数进行教学，希望学生的高分是建立在厚实功底基础之上的（也就是高分只是厚实功底的冰山一角），更希望学生有语文持续学习的后劲。那么作为金山区的拔尖教师，必须认清自身角色，"传道授业解惑"这样的教师定位，放在现在就有局限了。教师更应该是学生专注于有意义的学习的引领者、设计者、组织者。2013年我接手预备年级语文教学的时候，面对学生在名著阅读上的缺失和写作上的自我言语体系构建的乏力（语言的建构与运用是核心素养的关键），我就开始按照自己初期的想法，不成系统地和学生一起阅读书籍，做读书笔记，在课堂上交流读书心得。为了引导学生多看书，我在办公桌案头放着书，这还真吸引了学生不断地把他们读过的、认为好的书籍推荐给我，倒逼着我利用一切时间、紧赶慢赶地阅读。与此同时，我将学生分组，进行小组合作式学习。结果这届学生中考语文成绩在整个金山区独占鳌头，更为可喜的是从这个班毕业的学生在高中的语文学习中，还是处于领先位置。但是这四年我没有留下相关的文字材料和数据，也没有进行系统的、理论性的学习，所以2017年下半年开始，我琢磨着怎么让自己的教学能够持续地可操作化，形成一条提升学生的语言建构与运用能力的学习的锁链，于是在思考半年之后申报了这一项目。这个项目从初期实施到现在半年了，没有想到其中很多理念和想法与《突破》所阐述的内容非常一致。

首先，是书中所说的实现个人化和精确化的小组合作学习模式，正是我现在采用的项目实施的基础方法。我把班级44名学生分成7个小组进行"朗读、写作、互读、听读"训练，采用组长负责制。分组就是为了让所有学生都能够有表达、展示自己的机会。但是在实践操作中，对于评价这一块，我感觉自己缺乏可操作的抓手，还是采用非常感性的语言进行点评，缺少可供量化的数据，无法让评价者和被评价者清楚自身状况而加以改进。现在通过《突破》一书中"关键学习指导路径"的详细解读，我开始思考如何建立这样的数据检测系统，来对日常教学过程中学生进步情况进行评估。同时，这也让我明白对于学生起始阅读情况的调查可以更加数据化，这样就能更加清晰地了解每个学生学习的起点，建立整本书阅读和写作交互推进的学生进步档案及评价数据。与此同时，这一做法也在启示我，在构建初中学生年级阅读书单的时候，可考虑用阅读者的评价数据来分清梯度，比如利用导师团的学科组平台，通过更多青年骨干教师的参与，来构建更加合理的阅读梯度书单。这些工作随着这本书的阅读在我的脑海里不断地勾画，形成文字与反馈表，以数据驱动项目的落实，这是后续要做的。

回顾历史，人类在突破中不断前行，一代又一代科研工作者穷其生命、殚精竭虑，在历史的长河中写下一个又一个标点，标示着人类在一个又一个领域的突飞猛进。我们的学校教育也是一个标点：跳出现有的思维局限，寻找更高的站位角度，根植求变的思想意识，构建常新的工作方式，在金山教育的平台上，立德树人，培养适应社会发展的大写的人。为此，我们努力不懈！

名师引领，深耕语文

最近我参加了上海市语文教学研究会组织的上海市农村校长（教师）培训者培训研修班的学习，感触很深，下笔为文。

开班典礼上，八十高龄的于漪老师对语文教育的关注和所倾注的心力让我这个晚辈汗颜。在春寒料峭、阴雨绵绵的天气里，老人不仅亲自主持培训，而且还语重心长地谆谆教导，其殷切之心让我们都深受感动。老人清逸睿智，读书读报了解天下大事，叙利亚问题、中美教育比较问题等娓娓道来；老人思路清晰，一场报告一个半小时，中间都未曾休息。面对这样的一位老人，我们没有任何理由停下前进的脚步，没有任何理由虚度光阴，没有任何理由不投身到学习中去。于老师让我看到了努力的目标和希望，也让我更清醒地认识到自己身上所肩负的重任。语文教学改革任重而道远，培养未来人才的责任大于天，如果没有全心向上，以语文教育为己任的胸怀，是很难有更大的进步的，所以我敞开胸怀，潜心语文、热爱语文、研究语文，以自己的心力全心全意地服务于学生。

开班的第二节课，我们认真地聆听了浦东教发院的院长程红兵老师的报告，标题是"教师的文化自觉"。程院长慷慨激昂、儒雅睿智，他的报告更是旁征博引、巧言善喻，思接千载、视通万里，从目前语文课堂存在的弊端到国内外先进的语文教育做法；从他领衔的建平语文校本教材的建构到国外教育大家先进的教育理念；从教育学范畴到哲学、文化范畴；从教师自身的文化构建到学校文化的营造……他高屋建瓴地给予我们全新的视角，给予我们人文关怀，又提点我们应该在当下的语文教学中具备文化自觉，摒弃有可能产生的职业倦怠和方式方法上的问题。程老师的报告让我的内心受到了强烈的震撼，如果没有长期的阅读、积累、沉淀、运用，程院长的报告怎能如此精彩？如果没有沉静、专心、深邃、理性的思考，程院长的报告怎能如此撼人心魄？我们作为语文教师，是不是该反思自己读的书够不够、思考的深度够不够、积累够不够、努力够不够？这样的信息量、这样的思维容量，足以让我们的课堂花开烂漫，足以让我们的教学睿智鲜活，足以让我们的学生感动效仿，这样的教学效果是不言而喻的！

　　为期一年的培训还有很多工作要做，仅凭这两次的培训就让我感受到了主办者的投入与对教育的执着。在感动的同时，我不时地在心里提醒自己，只有更努力地做好自己手边的工作，更好地计划好自己的时间，充分地消化所学到的知识，合理运用好课堂的每一分钟，才能够使这次培训在自己身上显现出效果，才能够上课提升底气、课堂彰显大气、学生展现才气、教室盈满书香气，才能成为学生心目中的"最美女教师"。

书中有美，以美化人

春日午后，窗外，暖日灼灼，微风不燥。科学课上，有个男同学拿起他的画笔在前面女同学背上不停地画呀画，还不停伸手捋着女同学的发梢，并不断地指给身后的同学看，身后的同学的目光开始游移……

"你别跑！别跑！"教室狭长的走道里，一前一后两个女生，正在追逐着。突然前面的女生发出"啊"的一声尖叫——她的嘴磕到了讲台边沿的铁质的贴条。所有在场的人都吓了一大跳，马上联系家长、送医院……

发生在预备年级的看似不起眼的"小事"，该如何处理呢？我陷入了深思……

从心理学的角度来说，每个孩子都有被认可的渴望，都希望能够引起他人的关注。一般来说，学习成绩优秀的孩子，受到的关注远远多于学习困难的学生，后者要么被忽视、要么经常受到批评，他们的行为在某种程度上是想引起别人的关注。然而，这样的事件不止一次地发生，让我关注到了这些学困生的问题，我想和他们一起来努力做一些改变。

于是我联想到自己的经历。去年导师团的青年骨干教师进行公开课教学，需要带教的导师进行点评，主题是"关注学习经历，培养核心素养"。课堂教学设计的早期介入对我而言困难并不大，但是点评却有一定困难。几经思考，我决定广泛搜罗这一主题之下的教育教学书籍。于是从那一周的双休日开始，我翻开书本，不知不觉中，我入迷了。当我站在巨人的肩膀上，从理论高度和实践操作上评析青年骨干教师的课堂教学的时候，我深深地感受到了阅读可以帮助自己解决生活工作中遇到的困难和问题。从此我不再像过去那样没有规划地看书，有什么读什么，而是沉下心来规划自身的阅读。

同学之间发生矛盾，我带着他们从书本中寻找解决问题的方法，秦文君、杨红樱的作品中有很多关于校园生活的内容，那些睿智的解决问题的办法也总能引起学生的共鸣。慢慢地，我发现在同学之间产生矛盾的时候，在学生行为失当的时候，在学生遇到各种各样困难的时候，我只要提供班会课让学生就某个问题进行探讨，他们就能够引经据典地说明处理问题的方法，并互相提醒。我把这理解为"教化"——教育感化，我想这应该是文明的起步！

当然我们都知道，任何一种方法，它的效果并不是立竿见影。有时候当下的问题该如何解决呢？在无数的阅读中，我明白正确的做法就是隐忍和承担。

在书本里，孩子们学会了理、学会了爱——嘘寒问暖的关切是爱；设身处地的着想是爱；处变不惊的智慧是爱；灵巧机动的处事也是爱。当我们真正地拿起书本的时候，我们便沉入了爱的世界。

在做教师的这些年里，我带着一届又一届的学生沉浸在书海里，我推崇学生中热爱阅读者，并构建各种平台，让他们有机会把他们的做法传递出去，让更多的学生在潜移默化中，慢慢地让阅读成为自己生活的一部分，并长期坚持着。

作为教师，我感同身受，以书育人，以己推人，或许是最好的教育！

审慎反思，返璞归真

某日，偶遇一位重点高中的语文老师，听其抱怨现在高一的学生语文知识面不宽，文本的分析能力欠缺，文笔幼稚而花哨，写作材料雷同，导致语文课堂既要完成高一相关的教学任务，又要补初中语文的内容，不胜劳累！这些话深深地刺痛了我这个初中语文教师。

回想起10年前毕业的学生回到母校时，曾对我说："老师，你4年的初中语文教育，在高中对我还有启迪，有些习惯我到现在还保持着，比如，每晚睡觉前看半小时的书，现在看来，得益匪浅。谢谢你！"这或许是我这个老师最幸福的时刻。然而，面对语文教学的现状，我的心中泛起阵阵隐忧……

语文教学怎么了？

从"百花齐放""无为而治"的泛语文，到语文教学的精确步骤化，我们的语文教学是否从一个极端走向了另一个极端呢？

一个中学生已经具备一定的语文基础，除了学会了怎么答题，就是语文知识的自然增长，这是阅历、年龄带给他的，而不是我们语文教学带给他的。

语文教学怎么办呢？

语文学科除了传承祖国博大精深的汉语言文学的魅力，对于孩子来说，它还具有基础性、人文性、工具性。简而言之，语文是为人服务的，人们运用语文知识进行学习、沟通、生活。

我们应该从基础做起，创造条件，让学生能够主动拿起书本来阅读，比如可以设立读书节，创立刊物发表学生的阅读推荐、感受，还可以建立公众号进行好书推荐、美文分享等，途径很多。我们还可以让学生改变一下站位，出一份能够考查综合能力的试卷，互相学习、点评，站在命题者的角度去思考问题，这既可以减轻他们对考试的焦虑，还可以让他们换一个视角看考试。

令人非常欣喜的是，近年来，我们不难看到从国家顶层设计到地方学校，从大中小德育一体化建设到现在的教材改变，无一不在告诉我们语文教学的返璞归真就这样踏踏实实地一步步向我们走来，走进了每一个课堂、每一个学生的日常语文学习之中。近日，学习《走一步再走一步》时，学生在解读文本时，对于文本内容概括中遇到的一个问题发生了分歧：到底是"父亲指引我爬下悬崖"还是"父亲指导我爬下悬崖"，双方争执不下，于是让我定夺。这就是贾岛的"僧推月下门"还是"僧敲月下门"的争论呀，这样的"炼词"无疑会不断地增进学生的语感；另外，如《穷人》中的"安娜主动抱回邻居家的孩子"的概括中"主动"一词对人物精神的塑造所起到的作用的讨论等。有了这样的讨论，"语文味"就出来了，孩子也就有一种茅塞顿开的快乐，学习的兴趣就上来了。"独钓寒江雪"的那份淡定与从容，"十年生死两茫茫"的那份深情，"大漠孤烟""长河落日"的那份意境，不就是美的享受吗？这或许是语文学科独具的美吧。

语文教学正在走向初心。

获"言"之声

穆如清风，下自成蹊

——"穆如清风润学子　桃李不言自成蹊"发言稿

各位同人：

大家好！

我发言的主题是"穆如清风润学子　桃李不言自成蹊"。"穆"的意思是美好，这句诗来自本人2017人生感悟集，非常感谢校长提供这个机会让我和大家分享。

时间太瘦，指缝太宽，3年转瞬即逝，又一届学生从我们学校毕业了。2017年中考，官方数据显示，我们学校的语文成绩在整个金山区名列第二，所以校长让我发言。我想我首先感谢我们备课组，同时，也感谢我们语文学科组。我还想感谢图书馆的老师，因为他们都为我们这个团队努力过、付出过！当然，陈校长也是我们这个团队的一员，同时也是坚强后盾。而以上对于我们这个团队的介绍，就引出了我发言的第一要点。

一、涵养文化底蕴

众所周知，罗马不是一天建成的，我们能够取得区排名第二的佳绩也不可能是初三一年的努力，而是4年来语文团队共同努力的结果。这4年我们做了些什么呢？我先给大家讲一个人——苏东坡。他是诗词歌赋的集大成者，我们说文章，那就是"苏黄"，说诗词，那就是"苏辛"，说书法，他是南派书法的开山鼻祖。我给大家讲一个关于苏东坡的小故事。在黄州送别的宴席上，有一名色艺双绝的歌伎请求苏东坡在她的披肩上题诗，苏东坡立即吩咐人磨墨，拿起笔写道："东坡四年黄州住，何事无言及李琪，却似西川杜工部，海棠虽好不吟诗。"这首诗大家都看得懂，其内在的比喻和典故却不是人人都知道。这样的诗既是下里巴人又是阳春白雪，既有文采又接地气。在苏东坡童年的时候，他的母亲教他和弟弟苏辙读书，经史子集、文学典著，一整本书、一整本书地阅读、背诵，一字一句地抄写，诗文中朴质的经典，正史中常见的典故，就这样被他们记住，信手拈来。这样不费一文的学习方法在我们预备年级的课文《窃读记》中，就有生动的描绘，而我们语文学科组就是努力实践着这样的理念。

我们学校图书馆中的每一本名著都有45本复本，可以满足任何一个班级集体借阅，这就是底气，这就是文化底蕴。4年来，我们的学生每天、每周都在阅读着、吸收着，所以我们有最高的142分，有5个139分，135分以上的学生更多更多……借用我们教研员的一句话：让语文老师去考都未必能上135分。就是这样的底气，涵养了这一批附中学子的语文文脉，我们坚信他们在高中语文课堂中，也是自信而有魅力的。

二、坚定理想信念

说说诸葛亮吧。大家都知道《出师表》："今南方已定，兵甲已足，当奖率三军，北定中原，庶竭驽钝，攘除奸凶，兴复汉室，还于旧都。此臣所以报先帝而忠陛下之职分也。……愿陛下托臣以讨贼兴复之效，不效，则治臣之罪，以告先帝之灵。""兴复汉室、还于旧都"是诸葛亮出祁山前对刘禅的铮铮誓言、坚定信念。从茅庐中走出来的诸葛亮，六出祁山，南征北战，运筹帷幄，排兵布阵，浴血沙场，造就西蜀、东吴、北魏的三足鼎立。直到病逝五丈原，他还念念不忘"兴复汉室，还于旧都"，想建旷世奇功，必能坚守坚定的信念。

我们再来说说老谋深算的司马懿，西晋王朝的奠基人。他生于乱世，22岁的时候就有出仕的机会，他却坚持不就。建安六年，曹操就想起用他，但他见汉朝国运已微，不想在曹操手下效力，便借口自己有风痹病，予以推辞。因为他坚守一个坚定的信念：等待一个合适的时机。

坚守信念何其重要，我们的这届初三，从预备年级开始直到中考，都抱有坚定的信念：保三争二。我们从预备年级开始就不曾放松一天。老顾老师每次谈论我们的目标的时候，他的那份淡定写在脸上，好像是我们已经考到了，事实是我们每次都确实是考到了。这就是坚定的信念。说说我们的小吴，帅气、俊朗有书生气，这是他留给我们的印象。4年来，几乎每一次在面对我们共同的目标时，我们都可以感受到他眼中的色彩，飞扬的眉宇之间写着满满的自信。在每一次的质量分析会的时候，我们都表达了一个共同的坚定的信念：保三争二。谋其事成其人。现如今，我们能够感受到初三备课组的三位老师身上满满的元气和卓然不群的自信，相信他们会有更加辉煌的战果。

三、集群志成其事

"集群志成其事"，这话，我相信老师们都不会反对，这样的事例在我们的生活中比比皆是，古有官渡、赤壁、长勺之战的以少胜多，除了谋略，我想众志成城更加重要；近有1998年抗洪、2003年战胜"非典"、2008年汶川地震

175

救援等事件都昭示着，奔着一个目标，团结一心，任何艰难困苦都会被我们踩在脚下。"山高人为峰"，说的就是这个道理。

在信念一致的前提下，我们语文组集群体智慧创下了一个又一个属于我们教院附中语文学科组的无上荣光。

作为全国语文教师专业化发展工程基地学校，我们走在不断学习的征程上，全国各级各类的公开课、专题讲座、先进的教学理念，从文本解读到学科基本标准，从课堂教学范式研究到作业设计梯度研究，从个体智慧呈现到集体谋略展示，我们努力着。

作为金山区全国课题"大中小德育一体化建设研究"的初中基地学校，我们展现了精彩的案例设计。区案例撰写评比我们全员参与，获得优秀教研组称号；俞亮老师和我撰写的案例得到教研室的认可，后被认定为区级比赛的模板；小朱老师的案例荣获一等奖。我们有富有底气的课堂展示，小朱老师执教的"一千张糖纸"在蒙山中学的展示获得了高度的赞誉，以此为基础拍摄的课堂教学视频参加教育部2015—2016年度"一师一优课、一课一名师"活动，获得了"优课"的荣誉，申报的教学成果获得了三等奖。我们教研组全员撰写的以初中语文教材、六十年老课本等教材为教学内容的德育教学设计，获得了区教研室的高度评价。

作为金山区语文学科发展中心的基地学校，在区教研室发起的"关注学生的学习经历"案例评比中，我们全员参赛。小王老师撰写的《点与线的融合——核心问题与模糊教学在语文课堂教学中的渗透》荣获一等奖。

这一桩桩、一件件，是我们教研组全体的共同努力和艰辛付出。如果没有这样的大环境，怎么可能有我们2017年语文均分全区第二的战果。众所周知，优秀率靠的是好学生，我们的特色班都具备了他们应该有的样式，而平均分靠的是平行班。去年的初三，我们三个人一人教一个平行班。我们学校的顾老师，用他的威严和号召力，让四班的学生能够做到默写天天清、练习周周清；

小吴老师，就如校长对他的夸奖，他对学生的盯是"无孔不入"——早自修、午自修前都忍不住去班级盯一下，找几个同学背一会儿书，而且态度和蔼、面带笑容，盯得学生一点儿脾气都没有，最后在学生的"我心中的好老师"评比中，班级投票率100%；最后，我们的所有学生语文成绩几乎都在100分以上，这是创造历史的奇迹！

四、披坚刃执锐器

看这个小标题，感觉有些兵戈铁马的肃杀之气，但是没有尖利的兵刃，没有锐利的武器，我们如何才能披荆斩棘呢？我们的兵刃武器之一，是教师的语文教学学习永远在路上。语文考试内容的不确定性决定了我们的教师必须不断地学习，考过的语段是不可能再考的，对于同一届学生来说，他不太可能两次碰到同一个说明文、议论文、记叙文的语段；与此同时，那些在中考中出现过的考点也很有可能在第二年的中考中不再出现，即便再次出现，问题的形式也会发生变化。比如简单的环境描写、修辞手法，考法从原先的直接提问运用了什么手法，有何作用，转变为"在画线句或段中读出什么信息"。正是这些无形中的变化，敦促我们备课组、教研组的教师不断学习，向书本学、向专家学、向自己已有的经验学。其次，我们与命题者的关系永远是矛与盾，我们存在的价值和意义也就是不断破解，见招拆招，破解命题意图，这样的学习我们永远在路上。

武器之二就是爱心和耐心。我听说过这样一句话，爱自己的孩子是本能，爱别人的孩子是神圣。大爱无言，化为涓涓细流，流淌在孩子语文学习生涯的每一天；大音希声，化为一个又一个朝朝暮暮的默写与练习的陪伴，润泽孩子的心田；大象无形，善待包容每一个孩子的短处与不足，庇护孩子的健康成长。我们的顾老师和吴老师就是这么做的，我们语文组的老师都是这么做的。而纯情的孩子们用他们最可贵的、朝阳般笑容回报我们，用现在最流行的一句话概括就是，昨日他们被我们温柔以待，今日我们被他们温柔以待。

这样的成绩就是这一学年我们的孩子们回报我们的温柔……值得一提的是继去年学生在全国"恒源祥作文竞赛"中获得了上海市的特等奖、全国三等奖之后，又有初一（1）班的同学再次获得这一殊荣，与此同时，初二（1）班的同学获得了2017年上海市中学生作文竞赛的一等奖。作为指导教师，我们三人分别获得了区教学成果的三等奖和鼓励奖。

我们的语文教学，追求长久地培育学生的精神底蕴。语言文学是基础型学科，博大精深，一脉相传，我们每一个人都是汉语言文学的受益者，也是传承者。如何用最为贴近学生心灵的方式来传承这一祖祖辈辈延续至今的文化遗产，是包括我们语文教师在内的所有教育工作者穷尽一生所追求的。

我们的语文教学，不盯着一张试卷，盯着的是学生的基础素养、文化修养，但每一笔一画写下的都是试卷上的字字珠玑、人生箴言；我们的语文教学，不追求一次考试，追求的是层层推进、梯度攀升，但是我们行走的却是阅读、思考、积累、夯实的本真之路；我们的语文教学，不拘泥于个体的一枝独秀，我们追求的是"满园春色关不住"的鲜花烂漫。

谢谢大家！

拨云去雾，彰显师爱

庚子年初，一场突如其来的疫情开始影响我们的生活，甚至改变了我们的生活方式，我们不再出门，宅家抗疫。然而时间推移，开学的日子迫近，上海市教委第一时间组织强大的教师团队录制"空中课堂"。对我来说，上网课这件事也越来越切近了，安装软件、学习操作都很懵懂，经过市级全员培训、学校操作具体培训，我终于搞明白了。

第一次打开麦克风，对着电脑说话的时候，我很不习惯。直播的时候，光一个班级群里就有301个成员，学生的爸爸加入、妈妈加入、爷爷加入、奶奶加入，再加上自己学校的老师等，感觉课堂是没有围墙的，自己成了"大众广播"，心理上也缺少"围墙"。

上课的时候，我们看不见学生，不像在教室里上课，讲述每一个知识点的时候是可以和学生有眼神的交流和互动的，而现在连麦最少需要20多秒，才能看到一个学生的反应和回答，效率很低，而且生怕其他的学生不听、走神，感觉学生都游离于自己的控制之外了，这感觉仿佛拳头打在棉花上。

学生呢？除了和老师面对同样的技术上的窘迫之外，他们还面临着哪些困难呢？"空中课堂"的笔记来不及记，上课缺少监督，非常容易分心，担心电脑掉网、耳麦不好使……

面对诸多变化带来的不适，我们首先要做好的是心理建设，先是自我的，后是学生的，再是家长的。

一、开启心理建设

2020年春天的这一切来得这么突然，容不得我们有半点思考和抵触，胜利尚需时日，我们仍要应对。从心理学的角度来说，一个人主动地接受变化，适应和生存的概率就大，消极的抵触、推诿往往导致不好的结果。作为教师，秉承教书育人的职责，总会想尽办法通过自身的努力教会学生解决困难或问题，这固然没有错，但是从教育心理学的角度来说，其实很多时候孩子更希望让人发现自己的长处和优点，更渴望由自己来教给别人知识，因为这样更有成就感。于是我想，何不索性放下架子，告诉学生我也是第一次用电脑上课，不但对于说出去的每一句话都觉得不踏实，而且有些操作也不会，也需要学习？

在直播课堂屡屡受挫的情况下，我听说运用视频会议可以快速与学生对话，而且还能看到每一个学生的脸。于是，我和学生商量把"战场"挪到视频会议，但问题是我只会发起会议，想请同学们研究一下具体的操作。这下好了，学生马上表现出极大的热情：有的教我怎么让所有人静音；有的教我怎么让个别人静音又不影响其他同学发言；有的教我如何提醒没有及时进课堂的同学……

这只是小小的热身，关键还在于上课。我决定从朗读做起，每天早上打卡到升旗仪式、广播操之间有20分钟的时间，我带着学生预习当天"空中课堂"的内容。记得第一次请学生朗读，一个回复都没有，我就说，那我来开个头吧，我要是读错了，你们记得给我纠正啊。刚开始，我故意读错的地方，学生没有反应，但或许是我的错误实在不能为他们所忍受，开始出现了第一个孩子的声音：老师，这个字声调错了……

我问，有谁愿意把老师刚才读得不对的地方读给大家听听吗？终于有学生说，我来。等他读完之后，我说，尽管你的声音我很熟悉，但是我还是想请你"自报家门"，读得这么好，表扬！

下面的同学朗读的时候，都先"自报家门"。一个，两个，越来越多的学生愿意朗读了。记得预习《紫藤萝瀑布》的时候，一下子有8个同学"自报家门"，因为文章短，我又不想遗漏掉任何一个学生，所以将这篇文章读了两遍。

良好的心理建设，唤起了学生上网课的积极性，课堂上他们成了主人。

二、助力学科学习

20分钟时间真的是非常宝贵的，利用好了，对学生的帮助非常大。大家都知道"空中课堂"的教学设计是非常高位和系统完整的，它旨在给学生提供各类文本的解读方式，让学生学会文本分析。但如果学生没有做好事先预习的话，就很有可能跟不上或者听不明白教学的内容。所以我先将"空中课堂"教学的核心问题以PPT的形式呈现在学生面前，带领学生边朗读边思考，为"空中课堂"的教学做准备。与此同时，我及时下载教育网盘上第二天的上课内容，用视频会议的形式一边播放一边暂停下来讲解，遇到教学的难点和重点，让学生反复观看，腾出时间让学生整理笔记和进行理解，并且把视频会议的内容录制下来，放到群里，方便学生复习、巩固。

另外，网络上课，环境是居家，家长大都上班去了，留下一个孩子，总会有个别的学生没有准时到课堂——睡着了、电脑出现问题了、走神了等都有可能。这时候和家长的沟通就变得尤为重要，但是把问题说重了，家长会担心，所以我一般先采用会议呼叫，如果孩子没有回应，再通过电话私聊，让家长联系一下孩子，问问他遇到什么困难了，绝对不能简单地说一句"你的孩子没来"，这样既尊重了孩子，也体谅了家长。所以一般上课，我面前一台电脑，手里有个手机，旁边还有一个平板电脑，这样联系起来就更加方便，也不影响上课进度。这样做，对老师来说确实麻烦了点儿，对学生来说，却是把教育公平落到了实处，把教学资源扎扎实实地用好了。

三、转变教学方式

"空中课堂"是串讲的，学生无法及时表达想法和需求，所以在课后整理课堂笔记的时候，我建议他们将自己的想法整理成思维导图，在课堂教学中再讲解自己的思维导图。因为是自己设计整理的思维导图，所以他们讲起来头头是道，需求被满足，特长被发现，课堂又还给学生了。

师爱，在这段特殊的时间里，以特殊的方式表达出来，虽然抗疫的日子是艰难的，但是我们以教师的名义，践行着这份爱的荣光。

尊重差异，构建梯度

也许"尊重差异，构建梯度"这一目标仅仅是理想，但是我相信秉承着这一理想的附中语文教师必定在三尺讲台上绘出"朗声诵经典、诗意写人生"的优美画卷。

从浦东回来之前，我在大脑中就已经有了一些想法，但是没有想过要做课题，我也从来没有做过课题，最多就是利用寒暑假把过去自己感觉做得比较好的一些案例整理出来。但是回来之后，在面试的时候，彭老师觉得我的想法很好。开学以后，在沈书记和时老师的提醒下，我们语文组开始摸着石头过河，慢慢地就"摸"到了现在。但我们自己也不知道怎样评价。我个人认为只要能做，做成什么形式都无所谓。

"梯度"二字是借用的数学概念，我们原先在做的是美文背诵、炼字、日记。

预备年级美文背诵，三百字的片段，每周一篇。原来的初一（5）班坚持了一年半，背诵的基本上都是现代的一些名家名篇，像高尔基的《海燕》，朱自清的《春》《匆匆》，冰心的《小橘灯》《笑》《寄小读者》等。另外，还利用两分钟预备铃的时间背诵了《长恨歌》《琵琶行》《滕王阁序》《出师表》《岳阳楼记》等。同时，我们有一条严格要求：拒绝背诵学生作文。我知道背诵学生作文是一条捷径，但是我也知道这是一条达不到高度的捷径，无异于误人子弟。提倡多背古诗词，因为历经多少年、多少代的大浪淘沙，能够积累的文字，其魅力是不容小觑的。

我非常推崇王维的诗，如《使至塞上》中的"大漠孤烟直、长河落日圆"等。"大漠"点出地点，"孤烟"暗示我们那是人迹罕至的地方，只有烽火台上的狼烟，"直"说明没有风。黄河自西向东横贯大漠，一个"圆"与"直"形成一种只可意会不可言传的意境。我们是否也可以在文章中"妙笔生花"一下呢？连那么有名气的王勃的《滕王阁序》中的"落霞与孤鹜齐飞，秋水共长天一色"也是化用了庾信《马射赋》中的"落花与芝盖齐飞，杨柳共春旗一色"，但这两句诗的意境、气度是不可同日而语的。这是一种"青出于蓝而胜于蓝"的化用，我们自然也能在熟读成诵的基础上加以化用。

日记的要求：一篇日记一件事，写完自己修正错别字，将不通顺的句子改通顺，可以他助。改错别字，还真是不简单。一个人发现别人的错误是容易的，发现自己的错误是不容易的，这点我相信大家都深有体会。他助，是在班级中找一个好友，在他自己修改的基础上，再加以寻找、指出。对于病句，也是相同的做法。这是预备年级要做的，当然我现在的初一（2）班也在做这件事情。这样做的目的只有一个——不断引起学生对错别字和病句问题的重视。因为一篇文章文字再优美，构思再精巧，但是文中白字连篇，也很难引起阅读兴趣。

预备年级能把一件事写清楚、写具体、写完整已经很不容易了。到了初一，围绕不超过两件事情完成一篇日记，而且这两件事情需要有一定的关联度，同时，继续改错别字和病句，在事件叙述完整之后需要用一两句话对事件点评，为夹叙夹议的记叙文做准备。

作文上的要求：反对没有事件为依托的无病呻吟式的小标题作文，提倡缘事而发的作文，同时要求叙述要生动，力求妙笔生花。这就需要"炼字"。

关于炼字："笔落惊风雨，诗成泣鬼神。"妙笔生花既是一种境界，也是一种修为。也许我们达不到，但是对于学生而言，从小培养一种炼字的意识，非常重要。"鸟宿池边树，僧推月下门。"贾岛因炼字误入韩愈的仪仗队而产生了"推敲"的千古佳话，我们也不妨一试。首先，我上课的时候非常注意让学生积累一些有用的成语或四字俗语。上课讲到任何一个成语，我必定会让学生找另外一个词语或成语替代，比如，前天我们讲到"章侯、世培踵至"，我马上让学生用"踵"字组成语。这样的炼字应该贯穿在平时教学的每一步。它很细微、也很细小，但长久坚持，必定有效。其次，是抓住一切机会，让学生感受。记得在教《忆读书》的时候，PPT中有一个词"浸透"，有个学生举起手，表示不理解。我可以借助字典告诉他意思，但是当时我没有这么做，转身问旁边的同学要了一张餐巾纸，把那个同学叫到跟前，让他上水龙头那儿，自己解决这个问题。一分钟不到，那个同学回来说他理解这个词的意思了，然后我让他解释给班级同学听。我想这应该是体验式学习，也是一种炼字。

原来的初一（5）班小陆在作文中写道："钟老师写在黑板上的字好像在跳舞。"这个句子真的非常好。字是不会跳舞的，会跳舞的是学生灵动的心。这样的炼字是熏陶，是引导，重在带引学生建立意识。当然学生所炼出来的字，不是我能教会的，我带给他们的仅仅是一种意识，后面的路，得他们自己走。

给同志们欣赏一篇优秀范文。

这就是幸福

我一直坚信，那一刻，我看到了幸福。

那天，初春的风带着尚未褪尽的棱角在空气中穿梭行进，还没亮透的天光从云层里隐约透出，道路旁的植物叶片上有零星的露水。我同父母早早地来到灵隐寺上香。

由于时间尚早，寺庙里几乎没有香客，显得格外寂静和宽绰。我们拾级而上，抬头时，那座金色的大殿便立于眼前了。它依旧像数年前那般安稳地站立着，带着安抚人心的特殊力量。迎面走来一位老方丈，他胸前长串的念珠随着他的脚步摆动，仿佛一个忠实的古钟旧摆，诉说着一种信仰。他看向我们，微微颔首，目光沉静深邃。

母亲恭敬地将三炷香插好，然后同父亲一起在金色高大的佛像前跪下，俯下身深深叩拜。他们双手合十，虔诚地祈祷：愿女儿身体健康，愿女儿幸福快乐，愿女儿成绩优秀……这不是迷信，他们只是太爱我。他们祈求神灵保佑我，让我的生活能好一点儿，再好一点儿，只是为了让我尽可能少些坎坷，因为他们会不舍得。

人们在寺庙里总会为自己所重视的事物虔诚祷告，而我父母所祈求的全部便是我过得好。由此我再次感到了他们恳切的心，原来他们所渴求的一切就是我的幸福。

于是，在这个阴冷潮湿的清晨，我感到了仿佛置身于温室的暖意。

我看到母亲先前上的三炷香，它们燃烧着，源源不断地冒出烟雾来，似乎永远不会消散，一如父母给予我的无尽的爱意。

我忽然想起了一些零星的琐事——我想到了那把始终倾斜的伞，它已经偏袒了我十四年；我想到了那只白瓷的杯子，它无数次注满牛奶出现在我床头，让我夜夜安眠；我想到了那句"路上小心"，它总是在或长或短的路途中默默地守护我……

感动如水，一滴又一滴，日子久了，变成了沧海。我却在那一刹那惶恐起来，生怕自己已经透支了一生的幸福。

我向佛祖跪下，祈愿他能允许我永远做我父母的女儿，永远。但愿他不要责怪我的贪心，我不过是想和父母在一起，并有足够的时间好好爱彼此。

仰起头，我看到佛祖正在对我微笑，神情仁慈安详。我愿意相信他已经听见了我的祈祷，并应许了我们三个人的天长地久。

我的父母站在我的身后，虽然我没有回头，可我知道他们正在以温柔爱恋的目光凝望着我，像曾经的无数次那样。

我爱的人们爱着我，我想，这就是幸福。

我们尚有些工作还没有来得及开展，因为现在条件不具备、时机不成熟，所以有待来年，目前我们要做的就是把手头的工作做到位。

最后想用这样一句话结束我的发言：三尺讲台，一方黑板，两寸粉笔，不是为了表现教师的能干，而是为了培养能干的学生！

没有极限，唯有超越

——给初二（4）班全体孩子的一封信

亲爱的孩子们：

大家好！

我们大汗淋漓地迎来了2012的暑假，这是硝烟弥漫前的短暂休整。初中的前3年，我们在懵懂和玩耍中快乐地度过，这是童年和少年生活的延续，也是你们该有的美好时光。但是，我要告诉大家，人生不能一直浑浑噩噩。回首来时的岁月，或许我们还没有搞明白生命的意义和价值，更没有将责任和道义扛在肩头，我们将太多的困难和问题留给了我们的父母，我们又将不少的困惑和迷茫留给了学校，留给了老师。然而，在我们迈入初三的今天，我们将用一年的时间，打一场旷日持久的大战役。这场战役需要我们初二（4）班的全体同学、家长、老师，同心协力、相亲相爱、千方百计、百折不挠地进行艰苦卓绝的努力。

一、建立一个跳一跳可以触摸到的目标

高中的就学形势是很乐观的，但是任何一种乐观都是建立在努力的基础上的。机会从来不会眷顾懒惰的人，所以给自己一个目标，也是给自己一个努力的机会。

二、将积极向上的愿望化为踏踏实实的行动

每一次慷慨激昂的动员之后，我相信同学们都会有跃跃欲试的内在动力，但是困难会在前面等着你，懒惰和懈怠也一样会在你遇到困难的时候，让你丧失努力的勇气和信心。所以遇到困难时，我们要坚信克服了眼前的困难，就少了一只拦路虎，每一道小题目的正确解答，都可能减少中考时的一个知识的盲点和难点。这些小成就累积起来就是你走向成功的金钥匙，所以每一次步履蹒跚的时候，每一次困难无助的时候，坚持一下，熬一熬，所有的困难都是纸老虎，相信成功的鲜花会因为你的努力付出而烂漫于你的前进之路。

三、相信自己、依靠老师、体谅家长

没有人生来就比别人差，无论你原来的基础怎样，也无论你以往的学习态度如何，从今天开始，从现在开始，相信自己就是海边的"珍珠"，能够在众人面前展现自己的美。记住一句话：人生就是不断把自己美好的一面展现给别人看，这就是一个人不断完善自我的过程。学习上有不懂的地方要及时向老师请教，不要把任何一个微不足道的困难留给明日，每天走出校门回家的时候，都能轻轻松松。另外，请同学们体谅父母的艰辛和他们所抱有的殷殷期望，他们只是希望你们能用今天的努力获得本领，好让他们放心你们明天独立地在人世间行走。慈父慈母之心天地可鉴，努力是你们回报他们的唯一途径。

一年很长也很短，困难很多也很少，努力很难也不难，所有的这些，只在于你的态度。

这个暑假不虚度，就是努力的开始！

世态万千，勇毅往前

——给初三（2）班家长、学生的一封信

五月的第二个周日，母亲节，一个美好的节日！首先在这里祝福所有母亲们节日快乐！

初中四年，一路走来，我们经历了数学老师突然更换导致的学生抱团互助学习模式的建立；我们在"青春飞扬"的集体舞的排练、展示中培养起家校合力、勠力同心的沟通机制；我们更因为生生互助的作文修改而形成了家长深度参与学生学习的良好氛围；我们还一起见证了初三（2）班全员参与的多次社会实践活动，并在活动评比中勇夺桂冠。走向未来，前路漫漫，初三的毕业不是终点，而是人生的另一个起点，一个踏上更高平台的起跑线。

然而，谁也不会料想2022年再次遭遇疫情，开展线上教学的时间比2020年的更长，也更加让人猝不及防，而且还发生在我们最为关键的中考前夕。不久前家长会上的讲话言犹在耳，这次的鼓声又已然响起。每天群里的作业催交、成绩公布、各类提醒此起彼伏，让我们习惯并努力做好每一个当下的自己。

所以我想向我们所有的老师、家长发出倡议：在不确定的世界里做确定的自己。

这样突发的不确定事件我们很难保证将来不会再有，所以我们必须以最好的方式来面对，就是做一个确定的自己。在以后两个月的时间里，用遇事沉着冷静、生活简约有序、做事一以贯之等优良行为影响我们的孩子。遇事沉着冷静是因为我们不知道明天会遇到什么，唯有沉着冷静才能产生解决问题的智慧。孩子考好了就鼓励他继续努力，考砸了就帮他一起整理错题集，无论考几分都镇定、陪伴、鼓励，因为他们现在需要的是一起战斗的战友。生活简约是为了减少不必要的与考试无关的杂念，做事专注；有序是每天安排好整块时间和边角料时间，整块时间用来做题，边角料时间用来背诵，现在记的、背的都会烙印在孩子的大脑里，周而复始，孩子一定会有进步的。做事一以贯之是孩子已经到初三最后阶段了，不要过多改变他的学习、生活方式，这对他没有好处，让孩子在相对固定的方式下，以他自己最为擅长、习惯的方式学习是目前的最佳方案。

四年，在时间的纵轴上也是一段不短的距离，中考的突围就在眼前，同学们，你们面对的是人生的第一次重大考验，未来还有更长的人生道路需要你迈过山、跨过坎。

一、做一个有理想的人

老师知道，你们每一个人都有自己的理想，老师相信你们都能够在理想的驱动下，披荆斩棘，突出重围。这样的坚守或许需要一道题一道题地练习，一个单词一个单词地累积，一个公式一个公式地灵活运用。这是对你们的磨炼和考验，所以每一次意兴阑珊的时候，面对每一个失意沮丧的路口、每一回艰辛跋涉的时候，同学们，老师希望你们能坚守，因为那是理想道路上必经的磨炼。我们有理由相信当理想之花烂漫于前程之路的时候，所有的艰辛都将是琼浆玉液。

二、做一个自尊自强的人

自尊是对自身行为最严格的约束，只有自尊才会赢得他人的尊重。同学们，自尊会教会你恪守自己的行为准则，而不在欲望的海洋中沉沦与迷茫。自强是在知识上、技能上的强大，只有尽可能多地掌握知识和技能，你们才会拥有更大的自由度来施展才华，实现自己的理想。

三、做一个懂得感恩的人

我们要怀抱一颗感恩之心，感谢自然，感念生活，感念自己身边的一切，这样你们会活得坦然、过得舒心。我们要对自己严格要求但不能将要求强加于别人，多看别人的优点和阳光面，但是要保护好自己，以防受骗上当。让我们珍惜来之不易的学习时光、同学情谊和家长关爱，让每一天过得充实而有意义。

最后和大家分享这样一句名言："有志者，事竟成，破釜沉舟，百二秦关终属楚；苦心人，天不负，卧薪尝胆，三千越甲可吞吴。"只要我们不放松中考前的每一分每一秒，相信曙光在前头，奇迹终将会诞生。致敬每一位辛苦的爸爸和妈妈，致敬每一个孩子！

看见遇见，也是洞见

云南送教回来之前，校长就跟我说回去要利用一个周五的教工大会时间来说说此次的云南之行，而后，我的脑海里一直萦绕着三个词语：看见、遇见、洞见。

九天的行程，云在脚下走，山在远处过，九曲十八弯，绕不出三座山：苍山、无量山、哀牢山。没看到天无三日晴，却感受到了地无三尺平。车行公路，看到苍山的绵延不绝，看见了蜿蜒的山路和叫不出名字的星星点点的小花，看见了与上海不一样的建筑、不一样的街道、不一样的三餐。这些是看见。

在千里之外的景东，我们遇见了一群生活在我们所看见的土地上的人，一群有着鲜活生命力的人，一群祖祖辈辈在这片土地上坚强生活着的人。他们淳朴、善良、灵动，他们有着强烈的求知欲，他们有着想要努力改变生活的愿望，他们有着踏踏实实努力的朝朝与暮暮。和他们接触的每一天，我都在反思，都在自省……是为遇见。

下面想说的，我自己定义的"词"——洞见。我知道自己做不到洞悉，但是姑且看作对自己的一种提醒吧。两点感想，和大家分享。

一、学生的求知欲望强烈，知识面却很狭窄

此次云南之行，我分别在景东民族中学和曼等乡中学上了两节课，为的是展示上海教师的课堂教学风采。此前在备课的时候，我考虑的是初一年级，可以上议论文。我想教给学生如何去解构一篇议论文，希望在有限的条件下让学生有所得。考虑到两地的文化差异，我也做了很多的假设和引导，力争无论学生从哪个点切入都能够摸索到学习的方法。然而，在实际的教学过程中，我深深地感觉到：孩子们很内向，互动参与性不高，回答问题没有跟着我的问题思路走。通过引导，慢慢地举手的孩子多起来了，但是他们是按照参考书来回答的。好不容易有两个学生产生了认知上的冲突，然而在说服对方时，两个孩子都举步维艰，不知道怎么说。这跟上海的教育有着一定的差距。在上海，在我们语文学科，需要的是在教学导引之下的课堂生成，这是一种认知上的提高和方法上的生成。

课后与学生的互动交流中，我明白了原因。在曼等乡中学听课的时候已是11月，坐在我面前的男孩穿的还是一双四处漏风的风凉鞋。这样的经济条件下，学生不可能读万卷书，更不可能有大笔的金钱行万里路。他们的视野非常有限，他们的世界就是眼前的村庄，眼前的山，眼前的教科书。他们渴望知识，他们渴望我们给他们带来新的感受。当然，我想我们也期冀着他们会有新的生活。后来我在曼等乡中学老师的朋友圈中果然感受到了当地翻天覆地的变化，真心为伟大的祖国感到骄傲！

二、教师的进修之路条件艰苦

从金山到苏州，100多公里的高速，在我们的印象中，开车2小时左右就能到。但是大家能否想象，从景东到曼等150公里的山路，我们整整走了8小时，可见山路之崎岖。人力、物力、财力的成本造成了当地教师的教学研讨活动的

困难，所以青年教师想要学习新的、实践性的知识的难度可想而知。而大家都知道青年教师是需要在课堂教学的打磨中成长的，而且团队的战斗力远远大于单兵作战。看看上海各级各层各种各类的教研活动，大家就能理解。拿我们2017年铺开的统编教材来说，在上海有非常强大的专家队伍编写的，对文本进行深入解读的教学参考。可以说，我们站在巨人的肩膀上，无论是在经济上，还是在教学理论上。而他们则什么都没有，他们的教学参考资料非常有限，因为地域限制了他们的成长空间和可能性。教研活动之后，我和他们互加了微信，和他们共同探讨教学上的困惑、收获、理解、设计等，希望能对他们有所帮助。

现在的云南，经济在腾飞，基础建设在发展，人们的生活在富裕，精神面貌也在发生着巨大的变化。我要感谢此次云南之行，让我们在感受到自己生活的弥足珍贵的同时，也可以看见更多的不同。

身正为范，矢志不渝

——在新初三工作会上的发言

    一直以来，我就有这样的人生观：生命的存在是一种姿势，站着是一生，坐着是一生，躺着也是一生，关键在于你的选择。站着的一生是自我价值的实现，是生命自信力的象征；坐着的一生是得过且过、亦步亦趋的自我满足的代名词；躺着的一生是社会的累赘，是家庭的悲哀，如行尸走肉。

    阔别五年之后第一次重返教院附中，参加学校的新初三教学工作会议以来，我一直被感动着。让我感动的是，在会上我重遇老朋友，结识新朋友，但是更让我感动的是，我感觉自己身处一个优秀的、卓越的、极富战斗力的集体中。他们在分析这一届初三的现状时的那一份专业、专心感动着我，他们在为这一届初三的教育教学出谋划策时的尽心竭力感动着我，他们坦诚、坦然、坦荡地对待每一个班级、每一个学生的身上的长处和不足的态度感动着我，他们不经意之中流露出来的团结协作和取长补短的精神感动着我。记忆深处，教院附中的优秀的学生都是出自这些优秀的老师门下，远的如水雯静、王怡君走进上海中学的大门，近的如朱沁文、范赟馨等迈进复旦附中的大门。在这样的集体中，我没有理由退缩，我没有理由不自信，我告诉自己，我必须向他们学习，和同学们一起努力创造教院附中历史上的又一个奇迹。

　　当奥运圣火燃遍大江南北的时候，我们意气风发，我们众志成城。有一块沉甸甸的金牌记录着一个团队遇挫不馁、卧薪尝胆的奋斗过程。在2000年的悉尼奥运会上，中国男子体操队众望所归，获得了男子体操团体金牌，光彩夺目。四年之后的雅典奥运会上，这支队伍却屈居亚军。他们选择站着的人生。于是在此后的四年中，他们从不断地重复开始，踏上漫漫征程，终于在北京圆了他们的梦想。试想，如果他们痛失金牌之后没有奋起直追，而是自艾自怨，躺倒在一时的挫折失意之中，那么也不会获得现在的金牌。人生总有顺境和逆境，现在的我们就如雅典奥运会之后的中国男子体操队，在困难面前，我们也必须像他们一样坚强，因为这个世界没有跨不过去的沟，没有迈不过去的坎。凭着这样的努力，我们2017年的初三团队一定是无坚不摧、无往而不胜的。

　　初三，漫漫学路上的一个驿站，是对我们九年学习的一次大检验。其实我们都知道，优秀不是躺着就能实现的，而是用汗水和泪水铸就的，让我们用持之以恒的努力成为优秀的自己。

　　我不想在此次会上给同学们讲大道理。我只想告诉大家，在困难面前，我们众志成城、卧薪尝胆、奋力拼搏一定会获得成功；我还想告诉大家，不到终场前决不轻言放弃，要相信自己的能力，定能反败为胜。那么也许有同学会问：我到底有多大的机会？我想举个例子告诉你：每个人都有机会，而机会是给有准备的人的。

　　我想用这样一段来结束发言：教院附中超过金盟是奇迹，奇迹是人创造的，我们是创造奇迹的人。也许有人笑话我痴人说梦，但是我却要说，古人有云，法乎其上，得乎其中；法乎其中，得乎其下。我们有足够的自信，有足够高的效法目标，我们就能达到足够高的高度。所以，同学们，万里关山从头越，而今正是迈步时。

志存高远，心向未来

——在初三毕业典礼上的讲话

同学们，四年前的炎炎烈日之下，稚气未脱的你们跨进中学的大门，来到教院附中；四年后的热浪滚滚中，我们又将在这里送朝气蓬勃的你们踏上新的征途。

放假前，学校安排我在毕业典礼上作为教师代表说点儿什么，我一直在思考，说什么好呢？回顾四年的每一段时光？展望各位未来的前程？说说老师们的殷切期盼？好像什么都能说，又好像说什么都表达不了我的内心。我喜欢的是"竹杖芒鞋轻胜马，一蓑烟雨任平生"的苏轼的旷达，那代表着历来文人的高远追求；我也喜欢"以仅占世界7%的耕地养活了占世界22%的人口"的袁隆平院士的踏实科研精神。但是这些我都不想说，思虑再三，我想说说以下的三点。

一、身为科学先

四年初中，两度网课，2020年新冠疫情突如其来，让人猝不及防，而我们的医学研究追逐着病毒的脚步，疫苗问世，医学研究人员晨昏不息，殚精竭虑。我们的医学研究从未停下过脚步，一代又一代的医学工作者投身其中。在座的同学，有人愿意投身医学事业，不仅为攻克新冠这样的传染病奉献青春，更能够为像癌症这样尚未攻克的疾病的治疗、研究做出贡献吗？

二、少年护国威

我想从风云变幻的世界说起，各方势力角逐在国际军事舞台，世界上还有很多人处在战乱之中，于是我想到了一个词：和平。我们热爱和平，但是和平是需要实力去捍卫的。"神舟"五号、"神舟"六号早已成功升空，"长征"五号搭载问天实验舱于2022年7月24日成功发射。浩瀚星空知几许，无问斗转星移、长河变幻。寄蜉蝣于天地，渺沧海之一粟。探天地之苍茫，知寰宇之无穷，需吾辈少年，志向远大，上下求索。巩固国防，需要我们甘洒热血，用青春筑防。同学们，你们准备好了吗？

三、少年立远志

现代工业发展为我们带来美好生活的同时也带来了灾害：二氧化碳过度排放，温室效应导致全球气候变暖。如今祖国在召唤，2030年实现"碳达峰"，2060年实现"碳中和"，我们已然在征途，彼时在座的各位同学正当壮年，扎实基础，学业有成，承前启后，必将在自然科学领域大显身手。"强国有我"的誓言，言犹在耳。志向在心，责任在肩。奋进吧，少年！

"雄关漫道真如铁，而今迈步从头越。"这句话在四年前我对初三（2）班的同学说过，恰逢其时，同学们，红日初升，其道大光，新的征程、新的起点就在你们面前。希望你们在高一级学校努力学习，争取在更高更大的平台中实现自己的理想，出发吧，少年们！

以爱为名，同频共振

在一位妈妈的心中，孩子成长的故事，俯拾皆是，而且也总是在老师面前津津乐道。

在一位艰难创业的父亲的心中，总希望自己含辛茹苦的创业故事，能够成为激励孩子奋发学习的动力。

在一位成长中的少年的心中，关于漫漫成长过程中的得失成败的故事，总希望有人去体会、去理解。

这一个个凝聚着浓浓亲情、滴滴爱心、纯纯少年情怀的故事，作为班主任，我耐心地倾听、细心地记录。因为我知道这样的故事，在特殊的场合可以起到撼人心魄的作用，往往会成为教育学生的宝贵的契机。

"我们家孩子很乖，真的，老师。"面对一脸幸福的母亲，我侧过身子，专注地倾听。"有一次，我送完货，回到家已经是晚上八点多了（孩子的父亲出差在外），实在是太累了，我倒头便在沙发上睡着了，身上没有盖被子。等我醒来的时候，孩子坐在小矮凳上玩玩具，而我身上盖着厚厚的毛毯，看到我醒来，他甜甜地送上一句：'妈妈，你不冷了吧！毛毯是我帮你盖的！'当时他只有四岁！"听到这儿，一个稚气未脱、满脸可爱的男孩形象出现在我心头，这份暖意融融的亲情也感染了我。作为老师，或许我们看到的更多的是一个学生的学习态度、学习成绩、人际交往中的得失，却很少看到一个小小男子汉身上洋溢着的亲情的温馨。当时的我也没有意识到这个小小的故事竟在不经意之间成了我和孩子之间感情的纽带，以及激发孩子奋进的力量源泉。这是一个聪明但好动，理科强、文科弱，学习上所花时间不多，在班级中甘居中游的男孩。在开学的接触中，我感觉到这个孩子身上应该蕴藏着不小的学习潜能，所以在一次班会课上，我把我知道的这个小故事讲给班级同学听。我看到那个孩子带着一种会心的、甜甜的微笑看着我。一切在不经意之间悄然发生，无须多说，从此我感觉到身边多了这样一双关注的眼睛。我也总是在适当的时候告诉孩子：我关注着他的点滴进步。这个孩子的学习成绩突飞猛进，期中考试的名次在年级中前进了130名（年级有753人）。一个小故事拉近了老师和学生之间的心灵距离，一个小故事让学生在关注的目光下健康地成长，一个小故事演变成学生努力向上的动力。

从摆水果摊到贩水泥，从个体水泥运输队到专业电子产品在中国的代理，其中的艰辛不言而喻。我走进这位学生的家中，与孩子的父亲聊起孩子的学习时，这位父亲充满感触地提及自己艰辛的创业之路，期望孩子了解自己的奋斗史，理解自己对孩子的殷殷期盼之情。这样的故事父母在孩子跟前讲得肯定已经不少，甚至在某种程度上已经引起了孩子的反感。在开学的一段时间内，我逐渐接触并了解这个学生，发现他把任何事情都设想得相当简单，对于自己所得到的一切都认为是理所当然的，学习成绩始终在班级中下游徘徊。我想，对于这样的孩子，也许实践才是最好的老师。于是在一个星期六的下午，我跟他说我想上他们家去，他说："好啊！我让我爸开车来接你。"我告诉他，我想和他一起乘公交车上他们家去。他说他要把脏衣服带回去，我说，你那么大个人，拿这点儿东西应该没问题。碍于面子，他只好勉为其难地答应了。

130路车来到东方路，下车后，离他家还有一段路，他想打的，我没同意。面对班主任，他有些无奈，再三和我强调路挺远。一路上，他不断地把手里的包从左手换到右手，又从右手换到左手。9月的天还很热，汗水从他的头上流下来，我看到了一张满是委屈的脸。终于，他说他受不了了，要坐一会儿，我陪他坐在路旁的台阶上，他一直默不作声，用餐巾纸这儿擦，那儿擦。这时，我让他想象一下他父亲艰难的创业过程，把这个过程细化到批发一次水果、贩运一车水泥，让他明白现在所吃的这点儿苦与其父的艰苦程度比起来，实在是小巫见大巫。从车站到他家的这一段路，他一共停了三次。来到他家门口，我告诉他，我的家访结束了，他问我是不是想让他吃点儿苦，我说我的目的还不止于此。我告诉他，他父母为他创造的条件就好比是那辆载他回家的车，一旦这辆车不存在，他必须靠自己的努力走回家，而且，他将来要走的人生也需要他踏踏实实、一步一个脚印地去开创。或许是这样的一次经历让他感受到父母的艰辛，或许是他理解了我这个班主任的苦心，或许是初三紧张的气氛感染了他，也或许是男子汉身上所特有的责任意识被唤醒，回到学校以后，我明显感觉到他一改以往的拖沓与萎靡。摆在他面前的是一条需要持之以恒的初三努力之路，我相信他会坚持下去的。

　　一名中学生，随着年岁逐增，渐渐地有思想、有主见了，他心中有一杆衡量自我和他人的秤，同时也有一座自我保护的城堡，一旦有人触犯，便会冲动地自我捍卫。一位肩负着父母的严格要求——必须名列班级前茅的学生，一次没有主题的同学之间的闲谈，却引得他大打出手。当严厉的、无法克制自己愤怒的母亲知道后，伸手就给了他一个耳光。孩子用手捂着脸，看着满脸怒容的母亲，流下了眼泪……于是在孩子和母亲之间出现了一道障壁，母亲再也无法走入孩子的心田，只好趁孩子外出偷偷地看孩子的随笔和作文，以此了解孩子的内心世界。第一次家访，我就明显地感觉到了这位母亲的无奈。

　　开学伊始，我有意识地多次和这个学生谈论起母爱，然而，他的话总是少之又少，除了沉默还是沉默！我无法走进他的心田，只好告诉他我有多爱我的儿子，尽管我经常做一些并不为我儿子所认可的事，也经常说一些满含我个人主观愿望的话，但是爱是没有过错的。终于，这位学生在一篇随笔中，将整个事件的前因后果以及他自己的想法尽情袒露出来。读过之后，我的心有些痛，我的眼睛有些湿润。文章最后，我写上了这样的评语：孩子，我不知如何来评价这件事，但我只想告诉你，母爱是没有过错的，因为我也是母亲。此后在与家长的电话联系中，我不经意地把这件事告诉给家长，电话中的母亲沉默了许久，只说了一句："他为什么不跟我讲，我会改的呀！"青春期的孩子有很多自己的想法，有些需要得到更正，有些需要及时疏导，有些需要我们倾听，有些需要我们分享，沟通就显得尤为重要。

如果说以上小小的故事，还能称得上是教育的智慧的话，那么，我想一切教育的智慧都源于爱，所以，我想用亚米契斯的《爱的教育》中的一句话来结束我的发言："教育是池，爱是水。"愿池满水溢，爱满建平实验！

岁月如歌，一路前行

——三十年语文学习所感所悟

　　带着对语文教学的敬畏之心，我迈进了学校的大门；带着对教师这一职业的热爱与追求，我踏上了教育岗位；带着要成为一名儒雅睿智的教师的理想，我在自己的战场上默默耕耘……

　　岁月似淙淙小溪，流淌在我们生命中的每一天，目睹着我们身边的沧海桑田。不同时代的学习有着不同的特征，从20世纪80年代的闭门苦读，到90年代的博览群书，再到21世纪的知识多元化，一年又一年，我们自觉或不自觉地接受着这样的变化……

　　在我家书橱的角落里至今还保存着我所有的语文书，这一本本清香隽永的书伴着我走过了十一年半的小学和中学生涯。每回母亲说要整理书橱，将这些书卖到废品收购站，我总是毅然决然地反对。因为这些书曾经在很长一段时间内，是我的精神支柱，是知识的源泉，我的心因为拥有它们而充实与安定。

　　在我求学的年代，信息渠道非常不畅通，在人们普遍的认识中，学生求得知识的途径就是仅有的几本书。

　　大学毕业的我带着满满几口袋的笔记和专业书籍，以为自己已经把老师的看家本领学到手，可以在教学的舞台上一展身手了。然而，面对学生一个又一个来自各类书籍的问题，我感觉自己招架乏力了。学生的问题让我想到了小学教我们数学的沈老师的一句话：这辈子如果要读书就好好读，争取在工作之前把所要读的书全部读完。这句话在我求学的生涯中一直是我的目标。但现在我意识到这句话有点儿赶不上趟了，因为书是读不完的，被我奉若神明的语文书已经不能满足做一个语文教师的需求了。我惶恐地收拾起自己颓败的心情，整装重新走进书店，翻开那一本本浸润着墨香的书籍，开始向我学习的下一个驿站进发……

进入21世纪，当我还沉醉在书香之中时，几年之间，网络像施了魔法一般为人们打开了一个广阔世界的大门，于是我们的生存空间被无限放大，我们的视线无限延伸……对于这样的瞬息万变，学生顺应的能力远远强于我们，他们眼界开阔、思维活跃，广泛涉猎各方面的知识，每有不懂便轻点鼠标，一切便尽在掌握。看到学生的这种变化，我意识到语文教学将再一次发生根本性的改变。我们不能仅仅停留在把知识传授给学生这样一个层面上，更要做学生学习的引路人：在纷繁复杂的网络资讯中帮助学生吸取有益的知识；让多渠道的信息成为学生增长知识的左膀右臂，而不让眼花缭乱的媒体扰乱学生的视野；让优秀的文化和知识尽可能地被学生了解和掌握。

"月色被打捞起，晕开了结局。""帘外芭蕉惹骤雨，门环惹铜绿。"儿子的嘴里突然蹦出某歌手的歌，而作为语文教师的我却连歌词都听不清楚，也经常对他的崇拜不屑一顾，甚至不时挖苦几句。然而面对儿子的依然故我，我抱着听听看的态度走近这位歌手的歌，从《东风破》《菊花台》到《千里之外》《青花瓷》，我开始喜欢上这些词和曲。于是我和儿子一起探讨歌词中所蕴含的浓浓的中国古诗词的韵味，一起分析歌词中的语法现象，一起浸润在词与曲所共同构建的意境之美中……恍然间我感悟到作为语文教师，我对这位歌手的歌的不欣赏、不接受是因为我认为只有通过正规途径的学习才有可能学到正儿八经的语文知识，才能增长见识，现在看来我又错了。于是我不由自主地想起《童年》，当时也影响了整整一代人……有些歌手的歌红遍大江南北，让我们不禁想到除了书本，网络也是文化传播的途径。

我面对要初中毕业的儿子，在合拍和不合拍中，我努力追赶着他年轻的步伐。我适应着，我追寻着，面对飞速发展的社会，以及这个日新月异的社会所造就的新一代的学生，我们是故步自封还是与时俱进呢？这将是留给我们所有老师共同面对的考题……

"思"花绽放

顶层设计，润泽校园

——基于核心素养聚焦学科德育的教学设计优秀案例评选活动工作总结

一、活动背景

记得从2015年9月听到"大中小德育一体化建设研究"这个词开始，我们教院附中就和这一项目结上了不解之缘，非常荣幸地成了这一项目的区级基地学校。我们在教研室的带领下，参加了这一国家级项目的多次活动，先后进行了教学设计、单元教学的改进，也开设了《一千张糖纸》的区级公开课，获得了广泛的好评。2018年上半年，我们教院附中语文组又全员参加了区教研室组织的教学设计案例的撰写评比，并被授予"优秀教研组"的称号，这是弥足珍贵的！

二、活动经验

（一）领导重视

在2016学年的第二学期开学，我们学校就把"大中小德育一体化建设研究"作为这一学期的重点工作写进了学校工作计划和教研组工作计划，并且在这一学期先后三次召开了校长全程参加的教研组工作会议，来落实本学期的德育一体化工作。第一次会议是对本学期的德育一体化工作做了一个宏观的布置和要求。会上，陈校长强调了本学期德育一体化工作的重要性，并传达了教育局和学院对这一工作的重视和要求。第二次会议是在接到学院下发的关于进行"基于核心素养聚焦学科德育的教学设计优秀案例评选活动"的通知之时召开的，会上我们语文组成员畅所欲言，对案例的撰写进行分析、解读的同时，把困难摆到了桌面上，大家进行头脑风暴，寻找解决问题的方法和途径，最后会议决定由王连英老师带领学校青年骨干教师先行试水，进行写作探索。第三次会议，是对两位试水的老师写出的案例进行解读和评议，寻找最佳写作路径，会议最后决定将两位老师撰写的案例修改之后，传送到学院教研室，希望得到教研室的批评指正。

（二）骨干带头

在这次案例评选的过程中，教研组长王连英老师作为区学科首席教师，不但积极参与学校的案例撰写的指导工作，而且先期带领徒弟进行摸索式写作，还参加了区级教研组长的培训工作。

面对老师们的困惑，王连英老师带领组里的青年骨干决定摸着石头过河，按照他们对于案例撰写的理解，先期进行写作尝试。他们在广泛阅读了德育一体化的培训资料和对于文中必然涉及的一些关键词进行准确定位之后，着手开始写作。

根据教研室的写作要求，他们撰写出了案例的初稿，在第三次学校德育一体化工作会议上，交由语文组的老师们进行分析、研究。会上，首先由王连英老师对他们的撰写工作进行介绍，然后，从德育目的选定，核心素养、学科德育等概念的界定，到案例中各个组成部分的内容，再到整个案例重点内容的确定，老师们畅所欲言，最后决定让王老师修改之后将初稿发往教研室寻求指导，希望能够得到更高水平的指导和帮助。

后来撰写的案例得到了教研室领导的赞赏，并在此基础上，召开了全区教研组长会议进行案例撰写的培训。在区教研组长会议上，教研室请三位分别来自金山区小学、初中、高中首席教师结合自身的经历来谈谈对德育一体化案例撰写的感想，以此对教研组组长进行培训。

（三）全员投入

活动伊始，得益于学校的领导和重视，在第一次务虚会议之后，老师们都着手选定自己要研究的课文，为了避免重复，他们都将自己选定的课文报给教研组长，由教研组长统筹。开始的时候，老师们普遍从"文化自信"和"公民人格"两个角度选择，教研室统一之后，老师们又进行了相应的调整。在后来的几次会议上，语文组的老师们都把自己对于文本的认识拿到桌面上来一起讨论，既参考他人之长，同时又有自身的思考。在教院附中的语文组，从刚刚参加工作的小青年，到已临近退休的老师，都拿起笔来，投入这一与以往不同的案例的写作工作中。

（四）潜心研究

在这个世界上，最难的事情或许就是让一个人的心静下来。心静下来了，就没有办不好的事情了。所有的人都知道"文以载道"，语文本身就承载着育人的功能，当然其他学科也同样有这样的功能。既然如此，为什么还要进行"大中小德育一体化建设研究"呢？如果不去潜心研究这一问题，怕是很难抓住这一活动的精髓的。"大中小德育一体化建设研究"，从"建设"一词，我们可以感知到这一研究是顶层设计，那么我们就必须站在这一高度，从语文学科的特性切入对文本的分析，对教学每一环节的设计，从问题的提问形式到提问内容，都力求符合所教的这一年段的学生的特点。于是就有了《一千张糖纸》的精心构思，"欺骗本是最深重的伤害"这一认识在具体的文本解读中，在学生的心田种下了一颗种子；也有了《外婆的手纹》印刻着的爱的细流和外婆的纯正的生活方式，使学生在文本的分析中走入一个"格"，思考该如何做一个有"格"的人，传承这一美好；更有了《桃花源记》中唯美的人性和社会理想的传播与美好心灵的荡涤。《清贫》中的人性的坚强，《邓稼先》对信念的执着，《秋天的怀念》面对突然而至的厄运的勇气……所有的研读与研究，都在无形中催生德育目标的落实与推进，为此，我们语文组的老师努力着！

三、问题

（一）对于语文学科德育一体化的认识还需要深入

"大中小德育一体化建设研究"这一课题的研究既具有现实性，又具有前瞻性。"国家意识、政治认同、文化自信、公民人格"每一个德育目标都指向培养健全人格和具有爱国情怀的青年人，这样的人是我们21世纪所急需的。同时，这些方面的培养也正是如今的教育教学上落实不到位的，是需要加强的。现在仍有一大部分教师承袭着以往的教学思想和理念，对于"德育一体化建设研究"的意义认识不足，对于核心素养、学科德育的研究也是不够的。他们更关注语文学科目标中显性教学目标的实现，关注语文课程考核目标的达成，而不是语文学科所承载着的德育目标，这导致他们对这一活动的目的和长远目标缺乏真正的认识，所以在案例的写作和平时的教学中，还是更加关注语文学科性，而忽略德育目标的实现。另外，现实教学中的分数论或多或少地影响着现当下的教师，反映在他们考虑问题的思维模式上，要想在这样的一次案例设计活动中将其根除几乎是不可能的。但是，这样的活动的持续推进，对于青年一代教师形成正确的教育观的作用无疑是巨大的。

（二）对于学科案例撰写的创新性还需加强

以往，我们更多看到的是围绕着教学设计在实践中的得失而形成的案例，而对教学过程进行设计的案例撰写，则是一个新的命题。面对这样的一个新事物，我们的教师在撰写过程中表现出不适应和无从下手，所形成的案例无论是内容还是形式都比较统一，缺乏创见，在内容上也是过多地承袭以往对于教材的解读，而缺乏在德育目标指引下的个人对于文本的独创性的解读。我们非常清楚，这样的富有独创性的认识必须基于教师深厚的文化底蕴和对文本深入的个性化阅读，唯有如此才能产生出新的、富有生命力的文本阅读和教学设计，这样的案例的撰写才有鲜活的生命色彩。

四、思考

"不积跬步无以至千里，不积小流无以成江海。""大中小德育一体化建设研究"本身可能只是一个课题，但是一个课题在全国范围内容的推广却可以起到相当大的作用。而今，金山区在这一主题下的，基于核心素养聚焦学科德育的教学设计优秀案例的撰写和评比活动，可以进一步推广这样的认识，可以将"德育一体化"这个富含生命力的词根植于每一个语文教师的内心。从无到有的起步必将影响未来的语文教学，也进一步地彰显着语文教学"以人为本、以学生为本"的根本宗旨，这应该是未来语文教学之根本！

护佑青柠，深潜课堂

我被聘为金山区"明天的导师"工程的初中语文学科导师满一年了。一年来，在理论上，我继续努力夯实自身的知识储备；在实践中，我积极投身区语文教学和学校语文教学，致力于青年骨干教师培养，不停歇地参加语文学科工作坊二组的教研活动和区语文学科发展中心的各种活动。这一年是忙碌的一年、充实的一年，也是收获满满的一年。现在分以下几个方面进行汇报。

一、理论学习

这一年来，借着上海市九郊培训者培训师培训班的学习机会，我研读了《教师专业发展的理论取向与实现途径》《走向区域课程领导》《区域课程领导力建设的理论与实践》《从实践到文本》《月迷津渡》《文章选读》等书籍，并不失时机地依托导师团帮助订阅了《现代教学》《上海教育》《上海教育科研》《教育发展研究》等杂志，努力了解最前沿的语文教育和学科教育的理论，以站在一个更加宏观的角度来看待目前的学校教育，感受语文教学。我深切地感受到，随着经济的发展，文化的进一步发展和普及任重道远。这也让我在应试教育相当盛行的语文教学中，多了一些个人的思考，这样的思考必将影响我今后的语文教学。

虽然身在预备年级，但是我心系毕业班。通过对上海市乃至全国语文教学及考试的研究，结合上海市各区县的模拟卷的研究，我对而今的一模、二模、中考有了自己的看法和理解，并借助八校联盟语文项目组的活动不断地充实自己、提高自己。

二、实践研究

任何一种理论的构架都是为教学实践服务的，离开了学生的教学一定是空中楼阁、海市蜃楼。所以在宏观的理论学习之后，必然要进行微观的教学实践研究。

首先，我领衔的区级课题"初中作文教学梯度研究"已经进入尾声，我带领自己带教的徒弟，从初中作文教学的形式切入，研究中考作文的构架形式，带领学校的老师进行作文教学的内容研究，尝试着"两条腿走路"，寻找形式和内容的交汇点，以期在作文教学上寻找到一条通道，帮助学生克服中考作文"言之无物、言之无序"的毛病，现在已经完成了结题报告的写作。

在作文形式上，我们采用点面结合式、双线并行式、小标题式、倒叙式等方式进行研究；在作文内容上，我们将作文的素材划分为个人努力、感恩长辈、服务他人（社会）三个方面，这方面的工作正在进行中……

其次，这一年来，作为学科发展中心核心团队的成员，我先后到了蒙山中学、罗星中学、金山初级中学、金山小学等学校参与学科发展中心的方案、计划制订和调查问卷的讨论、修改工作，我责无旁贷地进行中考研究，做了三年的中考语文试卷，研究了三十套一模、二模的各区县的模拟卷，进行细节的题型研究和考试分析，明白了自身的长处和不足，对今后的教学有很大的帮助。

2012年10月25日，我在金教院附中主持开展了一次区级的"文化共性和个性化解读"语文学科工作坊二组骨干教师课堂教学展示。从教材的选定、班级的安排、材料的设计、各处室的协调，到活动的顺利进行，我忙碌了整整两个星期，活动开展得有声有色。

三、区学科教学辐射

区级联盟的活动，是金山区连片发展的重大举措，我们教院附中在陈校长的领导下，联合金山区的山阳中学、朱行中学、漕泾中学、金卫中学、钱圩中学、张堰二中、亭新中学、教院附中八校，在原五校联盟的基础上组建了新的初中校际联盟，开展了初三教学工作的指导，陈校长担任组长，我担任副组长，开始了微视频的拍摄。

第一次在教院附中的导师团课堂教学展示之后，我对小郭老师的区级公开课"森林中的绅士"进行教学指导。我进行了教材分析、教法指导的研究，带领带教的三名骨干教师深入研读文本，深入研究学生情况，确立了教学的目标和教学的方法（阅读带动理解）。第二次是在课堂教学之前，我和带教的小陈老师一起驱车前往钱圩中学现场听课，深入文本解读、指导修改，拨准方向。

语文教学，不仅仅是体力的付出，更是研究和智慧的显现。基于几次考试分析的经验，我在带教骨干教师教学研讨时传授和强调初三复习的方法，指出现代文阅读的方法指导尤为重要，这对于青年教师的成长相当有益。

这一届的导师团以学科工作坊的形式开展区级层面的教学研讨活动，我协助主持人开展工作坊的工作，并在两个班的繁忙的教学工作，教研组组长、备课组组长以及班主任的各种烦琐工作中抽出时间前往二附中、廊下中学参加活动，并积极组织自己带教的徒弟协助主持人完成学科工作坊的工作，让他们在实践中不断成长。

四、学校教研组的辐射作用

身为区学科导师、学校语文学科的教研组组长、语文备课组组长，我身先士卒，带动学校初三语文备课组研究中考考法。首先，我站在中考的制高点上，洞悉中考走势，让整个教研组有钻研、研究的氛围。每一次的模拟卷，我们都能够形成学习资料供教研组的同人参考借鉴，帮助他们一起提高。

我们带领其他几个年级备课组的老师一起研讨该年级的语文教学，并适时地给予指导、提点，引领整个语文组的老师在语文教学中既有终身语文学习的观念，又有四年语文见成效的方法性指导。

我指导学校带教的青年教师小俞参加各级各类的学习观摩，并在研讨时，亲自上示范课，将文本解读的方法和课堂设计的原则传授给他。

我关心青年教师生活、工作，带领他们看书、练字，提高个人修养。

在以往的《心田上的歌》《大脚印》的基础上，我们编辑出版了教院附中学生文集《成长的足音》。文集分成四个篇章——"蓓蕾初绽""小荷尖尖""泉水叮咚""桃李满园"，将附中学子的生活、学习以文字的形式展现出来，有着非常不错的学生反映和作文教学引领效果。

导师团工作，是一个平台，也是一种压力，驱动着我教学的理想和动力；导师团工作，是一种沟通，也是一个桥梁，引导我在更大的舞台上展示自己的才华；导师团工作，是鞭策，也是激励，让我在学校教学的小天地和区语文教学的大天地中寻找到自己合适的位置。

沐浴春风，花开有声

——中学语文工作坊二组工作总结

回顾三年来我们导师团工作坊二组走过的历程，情感奔涌而来。撷取三年中成长过程中的点点滴滴，下面我从四个方面对工作坊的工作做一个总结。

在感恩中成长

感恩金山教育这块充满智慧和生机的土壤，把一群有缘人聚在一起，依靠着共同的专业，多彩的个性，无限的信任，有爱的付出，共同打造了这个团队。感恩金山教育，构建导师团这一平台，鼓励着各个年龄层次、有着研究进取精神的教师静下心来研究教学。说心里话，多少年来，我从来没有像现在这么热爱金山——生我养我的故乡，感觉她的一草一木都是那么可爱，那么值得我去呵护！这片土地上的金山教育在我的眼里，代表的是努力和扎实、朝气和希望。正如顾宏伟局长对于"明天的导师"的解读一样，我们工作坊的每一个人，在这个平台上，不断地走向更高的层次。在语文教学上，我们植根于每一节课，每一个教学设计，扎实磨炼自身的语文素养与功底，而后从课堂教学转变为教学研究，在更高的平台上审视我们的语文教学工作，用科研指导教学，最后化为在教学成绩上的日新月异：我们有两位同人晋升为中学语文高级教师，更让我们欢欣鼓舞的是，顾燕文老师以她的睿智、才气、底蕴、扎实，被评为上海市的特级教师，在更为广阔的天地中绽放着她的魅力。

感恩金山，这方有着浓厚文化底蕴和淳朴民风民情的海滨之地，滋养着一支不甘人后、锐意进取的高素质的人才队伍；感恩金山教育，有你有我，有所有付出努力的人。

在阅读中成长

阅读是孩子健康成长的必由之路，对于语文教师的成长又何尝不是如此呢？阅读，让我们见识更广博；阅读，让我们经历更丰富；阅读，让我们思维更有深度。作为区级骨干教师和导师，我们更把阅读奉为生命之必需。阅读之于我们就如空气、阳光之于万物。从第一年开始，无论是顾燕文老师还是我本人，无论是导师团是否有要求，无论是原来的骨干还是新增补的骨干，我们都把书本阅读视为我们工作坊工作的要务之一。三年来，我们阅读了《迷人的阅读》《中国哲学简史》《非暴力沟通》《如何阅读一本小说》《如何阅读一本书》《魏晋风华》《春秋》《人间失格》《听王荣生教授评课》《教学勇气》《让教育带着温度落地》《人性中的善良天使》《重返美丽新世界》《遇见未知的自己》《史记》等书籍，还和学生一起阅读了《猎人笔记》《鲁滨孙漂流记》《解忧杂货铺》《摆渡人》《变色龙》《平凡的世界》《呼兰河传》《骆驼祥子》《红楼梦》……

书本，在无声中滋养着我们的心灵，润泽我们的生命。我们的两个带教小组多次开展读书交流活动，在学院，在金卫，在西林，在罗星，在每一次可以坐下来交流的时候，在每一次阅读有感受的时候，我们都积极地沟通、交流。与此同时，我们让新增补的骨干同读一本书，写作阅读后感，并且以PDF文件的形式在微信群中互相传阅、交流、学习。这样的深入肌骨的精读，对于青年教师的成长来说，是弥足珍贵的，效果也是可圈可点的。

在实践中成长

在成事中成人，是特级教师顾燕文一向的宗旨。在导师团的平台上，我们既能够跟随金山区语文学科发展中心的研究导向，也能抓住高中教研和初中教研的机会，努力探索初高中衔接的方法策略。同时我们还依据全国课题"大中小德育一体化建设研究"的大平台来展示我们语文教学与德育的融合。我们还利用项目、课题进行研究，着力于提高学生的语文核心素养，提高学生的能力，为他们的未来助力。

围绕着"大中小德育一体化建设研究"这一全国课题，我们先后多次开展活动，从课堂教学展示到课题研讨，再到区级层面的教育研讨展示，甚至联合导师团思品学科组共同开展教研活动，旨在以更多的角度，更深层次地开展研究。2016年3月15日，我们在蒙山中学进行公开课《一千张糖纸》的教学研讨活动。课堂教学从字词句品析切入文本教学，在字里行间品悟德育因子，传达课题宗旨，润泽学生。2016年5月24日，我们工作坊一行人又聚在教育学院，再一次开展"德育一体化"背景下语文学科的实践探索阶段性展示活动，在展示的同时，通过思维碰撞进一步推进和普及这一课题。

与此同时，我们还组织青年骨干教师进行教学展示，组织导师参与磨课、点评，并且就语文教学中容易忽视的、有难度的说明文教学开展研究，探索这一类文本的有效教学途径。

在项目研究方面，顾燕文老师带领着她的团队提供方法指引、有效组织，让项目组的成员在实践过程中，建构项目意识，学习如何开展研究，并使之有益于课堂教学的优化，可以说成效卓著。

王连英老师带领着她的团队，围绕着德育一体化建设，针对班集体的建设开展研究，努力探索班集体建设中的育德因素与学科知识相融合的方法，以培养具有核心素养的人为宗旨，来指导青年骨干进行教学研究。

在切磋中成长

"不积小流无以成江海，不积跬步无以至千里。"在江河湖海之中，在千里奔袭中，我们有一个可以互相切磋的团队。

小王老师执教《明湖居听书》，小熊、小陈老师PK说明文教学，小李老师执教《了不起的粉刷匠》，小刘老师执教《童年》，小杨、小秦老师同课PK"记叙文语言的表现力"的时候，我们语文工作坊二组成立教研微信群，不分时间、地点、方式进行教学研讨。我们从教学内容的确定、教学方法的采用、课堂教学的导入、教学语言的规范到作业的布置，再到课堂的语言、板书等小细节，逐一进行深入有效的探讨。我们探讨教学中课堂教学的核心问题的确定和下位问题链的设计，寻找对学生理解文本最有帮助的切入方法……导师循循善诱，骨干愈挫愈勇，进步于无声无息中，成长在每一次努力之后。

这样的切磋，让我们打破地域的局限，形成有效的教研联合体，生成有智慧的教研平台，提高教育教学智慧。这不由让我们想到了一个词——"智慧金山"，更想到了"智慧金山教育"。

时间太瘦，指缝太宽，无论我们舍得不舍得，三年就这样从指缝中溜走了。我们付出的也许是时间、是精力，而我们得到的一定是进步、是成长，更是美好的未来。

听，花开的声音，在导师团的平台上。

青青子衿，悠悠我心

2015年到2018年的第六届导师团工程，感谢教育学院领导，非常有幸，让我和教研室副主任、特级教师顾燕文老师在一个团队，让我走上了一条弥足珍贵的学习成长之路。三年来，我阅读了大量的专业著作和文学作品，明白了没有坚实的理论作为支撑，教学的实践是很难有深度和广度的；三年来，我看着顾老师如何带领她的高中团队开展工作，如何帮助我在我们工作坊二组中开展生动活泼的大组、小组活动；三年来，我感受到了什么叫"小小的个子、大大的能量"。我对第六届导师团最后一年的工作回顾如下。

在过去的导师团工作中，我担任了全国重点课题"大中小德育一体化建设研究"的区基地学校教院附中的负责人，率先写作教学设计模板"为中华之崛起而读书"供大家学习参考，主持编撰了《德育一体化区域德育教材教学设计汇编》，写作的教学设计案例《桃花源记》成为区级教学设计案例评比培训的模板，我所在的教研组的教学设计被评为金山区"中小学德育课程一体化建设"教学设计案例评比优秀奖；作为语文学科的负责人，率先拍摄微视频"标题的含义"作为模板，在八校联盟语文研讨活动中供联盟学校的骨干们学习，并主持编辑了"八校联盟语文学科微视频合集"，供联盟学校学生使用；主持完成了区级课题"初中作文梯度教学研究"，自行研究课题"大中小德育一体化背景下，班级建设中学科育德的实践研究"，成效卓著。2017年中考，我所任教的初三（1）班语文均分128.2分，有20位学生超过130分，有5位同学在139分以上，最高分142分，这在学校、区内都是遥遥领先的，确保了我们教院附中语文均分金山区第二。由此可见，这一课题的实效性是毋庸置疑的。而且近三年，我任教的班级的学生在各级各类作文竞赛中获得一、二、三等奖多次。如今，我有了更高的展望，希冀通过新一届的导师团平台，在传播自己的经验的同时，通过新的项目进一步提升自己，希望下一届初三毕业的时候，我，包括我有可能带教的徒弟的班级，都能助力金山语文中考均分上一个台阶！

对于青年骨干教师带教，我一向是不遗余力的。这一年中，我曾经先后多次驱车前往罗星中学、西林中学进行教学指导。小李老师执教区级公开课《蚊子与狮子》和高级职称评审课《孔乙己》的时候，我不仅利用网络进行带教团队的教研，而且两次赶赴罗星中学进行指导；小刘老师开设区级初三教学研讨课"结尾的妙处"的时候，我同样利用网络，并直接赶往西林中学进行指导。两位骨干老师的公开课都得到了多方好评。

新增骨干教师壮大和充实了初中语文的骨干教师队伍，是我们金山教育的希望和未来。启动大会之后，我就组织骨干们向专家学习；在特级教师顾燕文的报告之后，我就组织他们撰写报告听后感，制订一年计划和五年规划；我带领他们参加我们的活动，寒假又布置他们阅读《非暴力沟通》和《如何阅读一本小说》两本书，希望从为人、为学两个角度对青年骨干起一个引领的作用。

另外，我积极配合教研员开展工作。市级十九大精品课的专家点评，我认真撰写稿件，录制视频进行点评；初二年级期末阅卷，我配合教研员认真完成；初三区级公开课，我参与磨课指导……

一直以来，对于语文教学，我也有自己的理想。我认为语文教学应该突破教材的藩篱，寻找更为广阔的空间，以培育学生的核心素养。所以从二十年前，我就给自己布置了一项语文作业：每天睡觉前看30分钟的书。这项作业迄今为止没有停止过。如今整本书阅读影响着全国的教学改革，我有了更多的思考：如何避免整本书阅读在口号之后流于形式，而后又烟消云散；如何让整本书阅读这一叶圣陶老先生在1940年就提出，但未得到重视的语文教材改革能够有实效性地推进；如何将整本书阅读和作文教学结合起来，破解这两大语文教学难题；如何走出一条属于我自己的语文教学的个性之路，并站立在理论和实践坚实的基础之上。罗森布莱特说，文学是一场探索之旅。作为教师，创造一个解放的、信任的以及冒险的主动阅读环境，唤醒学生独特的探索经验，带领他们扩展阅读和写作的眼界，使之在文学作品中终身受益，这就是我的理想，所以2018年我申报了一个项目——"基于核心素养培育的整本书阅读教学和初中作文教学交互推进策略及案例研究"，这是我自2016年开始酝酿，并已经开始小范围试验的项目，希望能有机会在导师团的平台上深入开展下去。

最后我想用上海市复旦附中的黄荣华老师的一句话来结束：请给一石的才华以一斗的空间，在导师团的平台上。谢谢！